Juan
Santiag

MW01530478

*Antología Poética*

# Letras
# de Tango

**BASILICO**

I.S.B.N. 987-95650-7-X

© 1999 *by* Editorial Basílico
Corrientes 1910 - Bs. As., Argentina
Tel. (0054) (11) 4953-1744/6832
Impreso en Argentina
*Printed in Argentina*
Hecho el depósito que marca la ley 11.723

# Juan Angel Russo

*Edición y Prólogo*

# Santiago D. Marpegán

*Investigación y Compilación*

# Letras
# de Tango

---

Marcelo Castello

*Arte & Diseño*

Pablo Mayoral

*Diagramación & Armado*

Jorge H. Pierri

*Selección*

José Vicente Damiani

*Investigación Periodística*

*A Bianca, Ulises y Benjamín*
*El tango y el mañana*

# I

# PROLOGO

*A* la primitiva letrilla cupletera, la pícara, jocosa y mal intencionada letra surgida del burdel, mayormente transmitida en forma oral, van súmandose frases surgidas del lenguaje del campo, basadas en hechos cotidianos de la vida rural. Es en este contexto el universo en el que la letrística tanguera va configurándose de la mano de la inmigración europea que arribará a las playas del Río de la Plata a principios del siglo que ya se va.

En los albores del 900, Angel Gregorio Villoldo Arroyo, autor de tantos éxitos y precursor del género, coloca a la música de Enrique Saborido sus versos de "La Morocha". Pero... ¿Es este un verdadero tango? Lo es, sí, pero un tanto primitivo, con mucho de habanera y resabios de cuplé. Escrito en primera persona, pone en boca de la cantante la propia ponderación de sus virtudes, hecho no común en las letras de la época .

Algún tiempo después aparece "Cuidado con los 50" que es una letra surgida como protesta - probablemente la primera-a un edicto policial que prohibía el "piropo". Quizá excesivamente castas en público, las damas de entonces parecían sentirse ofendidas ante el halago a veces procaz. Surge asi , como respuesta institucional, un claro vicio argentino: prohibir lo imposible. Este torpe y casi cómico intento, castigaba al piropeador con una multa de $ 50, toda una fortuna para la época. Y es este tango, una de las primeras letras que conocemos para ser cantada a ritmo de la música ciudadana.

Alfredo Gobbi y su mujer Flora Hortensia Rodríguez también colaboraron con sus letras y actuaciones, a la corriente fundacional de Villoldo. Y sembraron mitos sobre el origen en diez años tangueros de residencia en Paris.

Ya estaban en los oídos del pueblo los versos de Evaristo Carriego, que pintaban con todo rigor el paisaje sombrío del suburbio porteño y los dramas cotidianos de sus habitantes. "La Costurerita que dió aquel mal paso", en conjunto con sus "Misas Herejes", son un testimonio ineludible por el que pasaron muchos de los letristas.

Particular , hiperrealista, universal en temáticas, las letras de tango transitan el amplio espectro de las pasiones humanas. Irrumpe la voz del lunfardo y diversos mundos se mezclan recordando a la poesia su condicion de estar viva.

En su derrotero, no hay tema que le haya sido esquivo. La descripción, la filosofía, la alegría, la tristeza, el amor en todas sus facetas y misterios, la protesta social : "Al pie de la Santa Cruz", "Pan", "Acquaforte" son temas que muestran el compromiso de los autores con la realidad. La escena politica retrata su pulso en "Viva la

Patria", "A Hipólito Yrigoyen", "Un, dos, tres, el Peludo ya se fue", "No juegues a la guerra".

El barrio, los sueños, los recuerdos y su transcripcion: "Del barrio de las latas: "Barrio Reo", "Barrio Pobre", "Callecita de mi barrio", "No salgas de tu barrio" La pasiones populares, "Los Berretines del Porteño", son otros hechos cotidianos utilizados por los autores. El turf ("Leguisamo Solo", "Palermo", "Por una Cabeza", "Callejas Solo", "Pingo Lindo" etc, etc.). El fútbol ("Lemita", "Patadura", "El Mortero del Globito", "Bernabé la Fiera", etc). El boxeo, el polo, el automovilismo y prácticamente todas las actividades deportivas tienen su aparte en la letrística.

En no menos de diez títulos de Enrique Santos Discepolo está presente Dios. Interlocutor válido, "padrecito", escucha eterna de las miserias humanas. Héctor Marcó, Francisco Gorrindo y Julio Camilioni son poetas a los que el tema bíblico, sagrado o simplemente místico no les era ajeno.

Los lugares de diversión (carreras, cabaret, milongas, etc), fueron temas recurrentes, pero no excluyentes.

Los detractores de las letras de tango llamaron a nuestra música la proclamadora del lamento del engañado. El poeta, hombre al fin, suele narrar sus tristezas, pero la alegría, el bienestar y el festejo, dieron sobradas razones al cantar.

Los instrumentos musicales no quedaron marginados. "Che Bandoneón", "Bandoneón Arrabalero", "Bandoneón Amigo", "Alma de Bandoneón", "Fueye", son algunos de los que se refieren al instrumento alemán que llegó para quedarse. "Guitarra que Llora", "las Cuerdas de mi Guitarra", o títulos como "Guitarra, Guitarra mía", son algunos de los dedicados al español descendiente del laúd, que se aquerenció en nuestro

campo y fue de las primeras herramientas musicales utilizadas por nuestros músicos.

El lunfardo, ese vocabulario típicamente porteño, tiene un amplio lugar en la temática tanguera. Celedonio Flores, Carlos Waiss, Enrique Dizeo, Raúl Hormaza y Luis Alposta son nombres que hacen decir al lunfa, lo que el argot, el caló, o la germanía, dicen a sus respectivas tierras. La importancia y desarrollo de la lunfardía dieron motivo para la creación de la Academia Porteña del Lunfardo que, con José Gobello a la cabeza se preocupa por investigar y difundir este lenguaje que, nacido en las cárceles, se entreveró para siempre en las calles de Buenos Aires.

Carlos Gardel, construyó con su garganta maravillosa el puenta de oro entre el payador (mezcla de juglar y trovador que introdujo la lengua del campo al suburbio) y el cantor nacional o criollo. Y en aquel fatídico 24 de Junio de 1935, pareció dejar desamparada a la poética tanguera. El tango y sus poetas se habían quedado sin el principal intérprete a través de su historia. Pero la grandeza del Zorzal inolvidable fue haber creado escuela; una escuela que fue lanzando intérpretes que requerían de nuevos autores. Autores que fueron sucediéndose hasta hoy. El cantor criollo o nacional, dejó paso al estribillista de la orquesta típica y éste al cantor solista: el cantor de tangos. Al cantor y a la cancionista.

A la figura de Pascual Contursi, autor del primer tango con letra argumental, "Mi Noche Triste" escrito sobre una música anterior de Samuel Castriota titulado "Lita", siguieron Celedonio Flores, Juan Andrés Caruso, José Gonzalez Castillo con su preocupación por el teatro y la filosofía social, su hijo Cátulo Castillo, Homero Manzi, José María Contursi (digno hijo de

Pascual Contursi), Francisco García Jiménez, Mario Batistella, Carlos Bahr, Alfredo Lepera y su romanticismo, el surrealismo de Homero Aldo Expósito y de Horacio Ferrer, sin dejar de lado a Fernán Silva Valdéz y Héctor Pedro Blomberg. Grandes hombres, grandes autores.

Seguramente y como en toda antología, faltarán autores y títulos. Un género que pasó ya las treinta mil obras registradas y sigue dando hasta el día de hoy, hace imposible realizar una selección desapasionada, objetiva y total. No pueden estar todas las letras ni todos los autores, ni tan siquiera todas las que nos gustan.

Nuestra esfuerzo a la hora de reunir partituras está centrado en el intento de dibujar a través del discurrir de las páginas, una serie temporal que refleje la parábola recorrida por la poética en la música ciudadana desde sus difusos orígenes, hasta hoy.

Acompañaremos también este trabajo de una breve biografía de una decena de autores a los que consideramos interesantes de ser recordados. Solo le daremos algunos ejemplos, algunas nociones fundamentales, dejando para usted mi mejor consejo: desarrollar· en la medida de sus inquietudes un conocimiento mayor. El deseo de esta antología es presentarle un hecho cultural, representativo de nuestro arte popular y nacional.

Al alcance de su mano tendrá un glosario, datos aclaratorios de las letras presentadas, y un capítulo dedicado a letras importantes pero "difíciles de encontrar a mano", auténticas perlitas del repertorio tanguero.

Elegí a su vez a diez poetas como representantes de un todo (¡que difícil!).

Alguna vez podremos presentar a Eugenio Cárdenas,

José Rial, Francisco Gorrindo, Ivo Pelay, Mario Soto,
Eugenio Majul, "Los Rubistein", Francisco Alfredo
Marino (creador de "Del Pasado" y "El Ciruja") Abel
Aznar o Reynaldo Yiso.
Quedamos en deuda con las mujeres poetas: incluimos
algunas pero faltaron   A. D´Herbil de Silva, María
Luisa Carnelli, Nyda Cuniberti y Martina Iñíguez, entre
otras de gran talento.   Concientes de nuestro ejercicio,
no lo hemos  hecho adrede sino por falta de espacio. Y
no nos olvidamos de los luchadores de hoy: Héctor
Negro, Cacho Castaña, Chico Novarro, Norberto Rizzi,
Roberto Díaz.
¡Cuántos autores y cuántas letras nos quedan afuera!
No se si todos los letristas serán auténticos poetas. No se
si todas las fechas serán exactas. Pero si se que las
ofrecemos en un momento sabroso e inquietante de la
poética nacional, en el que las nuevas generaciones
parecen descubrir la música con la que se enamoraron
sus abuelos.Y es en ese descubrir,  a veces a los tumbos,
el momento en el que surge, como disparado desde
adentro, ese mágico chispazo de inocencia, en el que al
leer y suspendidos en el  tiempo, volvemos a escuchar la
música que oyéramos esa vez.   Esa vez  en que lo
hicimos  de "Todo Corazón", que también es el título
de un tango.

*J. A. R.*

# II

# LETRAS DE TANGO

# EL PORTEÑITO

*TANGO*
*1903*
LETRA Y MÚSICA DE ANGEL GREGORIO VILLOLDO.

*S*oy hijo de Buenos Aires,
     por apodo "El Porteñito",
el criollo más compadrito
que en esta tierra nació.
Cuando un tango en la vigüela
rasguea algún compañero,
no hay nadie en el mundo entero
que baile mejor que yo.

No hay ninguno que me iguale
para enamorar mujeres,
puro hablar de pareceres,
puro filo y nada más...
Y al hacerle la encarada,
la fileo de cuerpo entero
asegurando el puchero
con el vento que dará.

Soy terror del malevaje
cuando en un baile me meto,
porque a ninguno respeto
de los que hay en la reunión;
y si alguno se retoba
queriendo meterse a guapo,
yo le encajo un castañazo
"y a buscar quién lo engendró..."

Cuando el vento ya escasea
le formo un cuento a mi china,

que es la paica más ladina
que pisó el Barrio del Sur;
y como caído del cielo
entra el níquel al bolsillo,
y al compás del organillo
bailo el tango a su salú...

*Nacido en los albores del siglo, recibió nuevas letras, en 1930 de Antonio Polito y en 1942 de Carlos Pesce.*

# LA MOROCHA

*TANGO*
*1905*
LETRA DE ÁNGEL GREGORIO VILLOLDO.
MÚSICA DE ENRIQUE SABORIDO.

*Y*o soy la morocha;
la más agraciada,
la más renombrada
de esta población.
Soy la que al paisano
muy de madrugada
brinda un cimarrón.

Yo, con dulce acento,
junto a mi ranchito
canto un estilito
con tierna pasión;
mientras que mi dueño
sale al trotecito
con su redomón.
Soy la morocha argentina,

la que no siente pesares
y alegre pasa la vida
con sus cantares.
Soy la gentil compañera
del noble gaucho porteño,
la que conserva la vida
para su dueño.

Yo soy la morocha
de mirar ardiente,
la que en su alma siente
el fuego de amor.
Soy la que al criollito
más noble y valiente
ama con ardor.

En mi amado rancho
bajo la enramada,
en noche plateada
con dulce emoción
le canto al pampero,
a mi patria amada
y a mi fiel amor.

Soy la Morocha argentina,
la que no siente pesares
y alegre pasa la vida
con sus cantares.
Soy la gentil compañera
del noble gaucho porteño,
la que conserva la vida
para su dueño.

*Problablemente sea este uno de los tangos mas antiguos de los que pueden fecharse con cierto grado de certeza Circulan dos* versiones igualmente doctas acerca de su estreno: una dice que habría sido el propio Saborido al frente de su trío y en el legendario Tarana del viejo Palermo. La otra indica que fue su primer intérprete la bailarina y ocacional cantante uruguaya Lola Candales en el Ronchetti de la calle Reconquista. Lo curioso es que ambas versiones fueron declaradas por el mismo autor.

# MI NOCHE TRISTE

*TANGO*
*1916*
LETRA DE PASCUAL CONTURSI.
MÚSICA DE SAMUEL CASTRIOTA.

*P*ercanta que me amuraste
    en lo mejor de mi vida
dejándome el alma herida
y espinas en el corazón...!
¡Sabiendo que te quería,
que vos eras mi alegría
y mi sueño abrasador...!
Para mí ya no hay consuelo
y por eso me encurdelo,
pa´ olvidarme de tu amor.

Cuando voy a mi cotorro
y lo veo desarreglado,
todo triste, abandonado,
me dan ganas de llorar;
y me paso largo rato
campaneando tu retrato

pa´ poderme consolar.

De noche, cuando me acuesto,
no puedo cerrar la puerta,
porque dejándola abierta
me hago ilusión que volvés...
Siempre llevo bizcochitos
pa´ tomar con matecitos
como cuando estabas vos,
¡y si vieras la catrera,
cómo se pone cabrera
cuando no nos ve a los dos...!

Ya no hay en el bulín
aquellos lindos frasquitos
adornados con moñitos
todos del mismo color,
y el espejo está empañado,
si parece que ha llorado
por la ausencia de tu amor...

La guitarra en el ropero
todavía está colgada;
nadie en ella canta nada
ni hace sus cuerdas vibrar...
¡Y la lámpara del cuarto
también tu ausencia ha sentido,
porque su luz no ha querido
mi noche triste alumbrar...!

*Nace como tango instrumental bajo el nombre de "Lita" en
1915. Un año después, Contursi en Montevideo suscribe sus
versos inmortales y como era su costumbre, los llamaba por su
primera línea: "Percanta que me amuraste". Tras una discusión*

con Castriota, toma un nombre definitivo. Es también, el primer tango cantado, en ser incluido en una obra teatral: "Los dientes del perro" por la orquesta de Firpo y la voz de la actriz Manolita Poli.

# DE VUELTA AL BULÍN

*TANGO*
*1917*
Letra de Pascual Contursi.
Música de José Martínez.

*P*ercanta que arrepentida
de tu juida has vuelto al bulín,
con todos los despechos
que vos me has hecho te perdoné;
cuántas veces contigo
y con mis amigos me encurdelé;
y en una noche de atorro
en el cotorro no te encontré.

Te busqué por todo el cuarto,
imaginándome, mi vida,
que estuvieras escondida
para darme un alegrón,
pero vi que del ropero
la ropa ya habías quitado
y al ver que la habías llevado
lagriméo mi corazón.

La carta de despedida
que me dejaste al irte
decía que ibas a unirte

con quien te diera otro amor,
la repasé varias veces,
no podía conformarme
de que fueras a amurarme
por otro bacán mejor.

Y pensé en aquellos días
que me decías mirándome:
mi amor es sincero y puro
y yo te juro que te amaré,
y que al darte un abrazo
en tus ojazos lágrimas vi;
yo no sé, vida mía,
cómo has podido
engrupirme así.

*El 18 de noviembre de 1888 nace Pascual Contursi en la tanguera ciudad de Chivilcoy, que diera tantos nombres al tango: Argentino Liborio Galván y Gaspar J. Astarita, entre otros. Su prolífica carrera dibujó la parábola completa del tanguero de la generación inaugural: fue sainetero, cantor, payador, bailarín y guitarrista, además de ser el creador de la primera letra argumental de la que se tenga noticia. Su ocaso llegó tristemente en el Hospicio de las Mercedes el 29 de mayo de 1932 lugar en el que se hallaba recluido desde tiempo atrás.*

# IVETTE

*TANGO*
*1918*
*LETRA DE PASCUAL CONTURSI.*
*MÚSICA DE COSTA-ROCA.*

*E*n la puerta de un boliche
un bacán encurdelado
recordando su pasado
que la china lo dejó,
entre los humos de caña
retornan a su memoria
esas páginas de historia
que su corazón grabó.

Bulín que ya no te veo,
catre que ya no apoliyo,
mina que de puro esquiyo
con otro bacán se fue;
prenda que fuiste el encanto
de toda la muchachada
y que por una pavada
te acoplaste a un no sé qué...

¡Qué te ha de dar ese otro
que tu viejo no te ha dado!
¿No te acordás que he robado
pa´que no falte el buyón?

¿No te acordás cuando en cana
te mandaba en cuadernitos
aquellos lindos versitos
nacidos del corazón?

¿No te acordás que conmigo
usaste el primer sombrero
y aquel cinturón de cuero
que a otra mina le saqué?

¿no te traje pa´tu santo
un par de zarzos debute
que una noche a un farabute
del cotorro le pianté;
y con ellos unas botas
con las cañas de gamuza
y una pollera papusa
hecha de seda crepé?

¿No te acordás que traía
aquella crema lechuga
que hasta la última verruga
de la cara te sacó?
Y aquellos polvos rosados
que aumentaban tus colores...
Recordando sus amores
el pobre bacán lloró...

*Carlos Gardel lo grabó en el ´20 y forma junto con "Flor de
Fango","De Vuelta al Bulín" y "Mi Noche Triste" la tetralogía
inmortal de Pascual Contursi. Este tango fue letrado sobre una
música preexistente de los sres. Roca y Costa.*

# FLOR DE FANGO

*TANGO*
*1918*
*LETRA DE PASCUAL CONTURSI.*
*MÚSICA DE AUGUSTO ALBERTO GENTILE*
*(AUGUSTO UMBERTO GENTILE).*

*M*ina, que te manyo de hace
rato, perdoname si te bato
de que yo te vi nacer!
Tu cuna fue un conventillo
alumbrao a querosén...
Justo a los catorce abriles
te entregaste a la farra,
las delicias del gotán.
Te gustaban las alhajas,
los vestidos a la moda
y las farras del champán.

Anduviste pelechada,
de sirvienta acompañada
pa´pasar por niña bien,
y de muchas envidiada
porque llevabas buen tren.
Y te hiciste chacadora;
luego fuiste la señora
de un comerciante mishé,
que lo dejaste arruinado,
sin el vento y amurado
en la puerta de un café.
Después fuiste la amiguita
de un viejito boticario,
y el hijo de un comisario
todo el vento te chacó.
Empezó tu decadencia,

las alhajas amuraste
y una piecita alquilaste
en una casa e´ pensión.
Te hiciste tonadillera,
pasaste ratos extraños
y a fuerza de desengaños
quedaste sin corazón.

Fue tu vida como un lirio
de congojas y martirios;
sólo un dolor te agobió:
no tenías en el mundo
ni un cariño ni un consuelo,
el amor de tu madre te faltó.
Fuiste papusa del fango
y las delicias del tango
te espiantaron del bulín.
Los amigos te engrupieron
y ellos mismos te perdieron
noche a noche en el festín.

*Sobre una música de A. Gentile titulada "El Acomodo"
(homónimo de un tango de Edgardo Donato) en 1918 Pascual
Contursi lo suscribe y lo estrena María Luisa Notar. Grabado
por Carlos Gardel al año siguiente.*

# MANO A MANO

*TANGO*
*1918*
LETRA DE CELEDONIO ESTEBAN FLORES.
MÚSICA DE CARLOS GARDEL Y JOSE FRANCISCO RAZZANO.

*R*echiflao en mi tristeza hoy te evoco y veo que has
sido en mi pobre vida paria sólo una buena
mujer,
tu presencia de bacana puso calor en mi nido,
fuiste buena consecuente y yo sé que me has querido
como no quisiste a nadie, como no podrás querer.

Se dio el juego de remanye cuando vos, pobre percanta,
gambeteabas la pobreza en la casa de pensión.
Hoy sos toda una bacana, la vida te ríe y canta,
los morlacos del otario los tirás a la marchanta,
como juega el gato maula con el mísero ratón.

Hoy tenés el mate lleno de infelices ilusiones.
Te engupieron los morlacos, las amigas, el gavión;
la milonga entre magnates, con sus locas tentaciones
donde triunfan y claudican milongueras pretensiones,
se te ha entrado muy adentro en el pobre corazón.

Nada debo agradecerte, mano a mano hemos quedado;
no me importa lo que has hecho, lo que hacés ni lo que
harás...
Los favores recibidos creo habértelos pagado,
y si alguna deuda chica sin querer se me ha olvidado
en la cuenta del otario que tenés, se la cargás...

Mientras tanto, que tus triunfos, pobres triunfos pasajeros,
sean una larga fila de riquezas y placer;

que el bacán que te acamala tenga pesos duraderos,
que te abrás en las paradas con cafishios milongueros
y que digan los muchachos: -*Es una buena mujer...*

Y mañana, cuando seas descolado mueble viejo
y no tengas esperanzas en el pobre corazón,
si precisás una ayuda, si te hace falta un consejo,
acordate de este amigo, que ha de jugarse el pellejo
pa´ ayudarte en lo que pueda cuando llegue la ocasión.

*Como todo precursor que se precie de tal, las contradicciones
acompañan a "Cele" desde el arranque: nace en el Barrio de
Congreso el 3 de agosto de 1896 y a pesar de ello es conocido
como el poeta de Villa Crespo, lugar en donde pasó so
adolescencia y primera juventud. Cuenta la leyenda que al
acercar su primera letra a Gardel, su Lozana juventud provocó
que el Mudo preguntara por el tío, suponiendo que sería él el
autor. Su poesía se ve influida y emparentada con la llamada
generación del Centenario, hijos literarios de Rubén Darío y
lectores de Baudelaire. Sus últimas actuaciones fueron en los
cafetines de La Boca formando rubro con el cantor Carlos
Acuña. Fallece el 28 de julio de 1947 en Palermo.*

# MARGOT

*TANGO*
*1919*
**LETRA DE** CELEDONIO ESTEBAN FLORES.
**MÚSICA DE** JOSÉ RICARDO (JOSÉ RICARDO SORIA).

*D*esde lejos se te embroca, pelandruna abacanada,
que has nacido en la miseria en un cuartucho de arrabal;

porque hay algo que te vende, yo no sé si es la mirada,
la manera de sentarte, de charlar o estar parada,
o ese cuerpo acostumbrado a las pilchas de percal...

Ese cuerpo que hoy te marca los compases tentadores
del canyengue de algún tango en los brazos de algún gil,
mientras triunfa tu silueta y tu traje de colores
entre risas y piropos de muchachos seguidores,
entre el humo de los puros y el champán de Armenonville.

Son macanas; no fue un guapo haragán ni prepotente,
ni un cafishio veterano el que al vicio te largo:
vos rodaste por tu culpa, y no fue inocentemente;
berretines de bacana que tenías en la mente
desde el día en que un magnate de yuguiyo te afiló...

Yo me acuerdo, no tenías casi nada que ponerte;
hoy usás ajuar de seda con rositas rococó...
¡Me revienta tu presencia, pagaría por no verte...!
Si hasta el nombre te has cambiado,
como ha cambiado tu suerte:
ya no sos mi Margarita, ahora te llaman "Margot"...

Ahora vas con los otarios a pasarla de bacana
a un lujoso reservado del Petit o del Julién...
¡Y tu vieja, pobre vieja, lava toda la semana
pa´ poder parar la olla con pobreza franciscana
en el triste conventillo alumbrao a querosén...!

*Sin la música, el poema se llamó Por la Pinta;
también se lo conoció como Vos Rodaste por tu Culpa.
Ver página de ("Mano a mano").*

# MILONGUITA

*TANGO*
*1920*
LETRA DE SAMUEL GUILLERMO LINNIG.
MÚSICA DE ENRIQUE PEDRO DELFINO.

e acordás, Milonguita? Vos eras
la pebeta más linda e´Chiclana;
la pollera cortona y las trenzas,
y en las trenzas un beso de sol...
Y en aquellas noches de verano,
¿qué soñaba tu almita, mujer,
al oír en la esquina algún tango
chamuyarte bajito de amor?

Esthercita,
hoy te llaman "Milonguita";
flor de noche y de placer,
flor de lujo y cabaret...
Milonguita,
los hombres te han hecho mal;
y hoy darías toda tu alma
por vestirte de percal.

Cuando sales por la madrugada,
Milonguita, de aquel cabaret,
toda tu alma temblando de frío,
dices: -¡Ay, si pudiera querer...!
Y entre el vino y el último tango,
pa´l cotorro te saca un bacán...
¡Ay, qué sola, Esthercita, te sientes...!
¡Si lloras, dicen que es el champán...!

# PATOTERO SENTIMENTAL

*TANGO*
*1922*
LETRA DE MANUEL ROMERO.
MÚSICA DE M. JOVÉS.

Patotero,
   rey del bailongo
Patotero sentimental
escondés bajo tu risa
muchas ganas de llorar.
Ya los años
se van pasando
y en mi pecho
no entró un querer
en mi vida tuve muchas, muchas minas
pero nunca una mujer...

Cuando tomo dos copas de más
en mi pecho comienza a surgir,
el recuerdo de aquella fiel mujer
que me quiso de verdad
y yo ingrato abandoné.
De su amor me burlé sin mirar
que pudiera sentirlo después.
Sin pensar
que los años al correr
iban crueles a amargar
a este rey del cabaret.

¡Pobrecita!...
¡Cómo lloraba,
cuando ciego
la eché a rodar!...

La patota me miraba
Y... no es de hombre el aflojar.
Patotero,
rey del bailongo,
de ella siempre
te acordarás.
Hoy ríes... pero tu risa
sólo es ganas de llorar...!

*A pesar de ser conocido como "El Gallego", Manuel Romero nace en Buenos Aires en 1891, lugar en el que fallece 62 años después. Perteneciente a la generación fundadora del cine argentino, se inicia como periodista en Crítica y Ultima Hora. Fue comediógrafo y sainetero de éxitos recordados como "Fuera de la Ley" y "Una Luz en la Ventana".*
*Este tango fue estrenado por Ignacio Corsini en el sainete "El Bailarín del Cabaret" del propio Romero, el 12 de mayo de 1922.*

## MELENITA DE ORO

TANGO
*1922*
LETRA DE SAMUEL LINNIG.
MÚSICA DE CARLOS VICENTE GERONI FLORES.

*E*n la orquesta sonó el último tango,
te ajustaste nerviosa el antifaz
y saliste conmigo de aquel baile
más alegre y más rubia que el champagne.

¿Cómo se llama mi Pierrot dormido?,
te pregunté y abriendo tu los ojos,
en mis brazos, mimosa, respondiste:
"A mí me llaman Melenita de Oro...
¡Si fuera por la vida!... ¡Estoy tan sola!..."
¿Recuerdas? Parecía que temblabas
con ganas de llorar, al primer beso...
¡Ya mentía tu boca, la pintada!

Melenita de Oro,
tus labios me han engañado,
esos tus labios pintados,
rojos como un corazón...
Melenita de Oro,
no rías, que estás sufriendo,
no rías, que estás mintiendo
que anoche sufrió tu corazón.

En la almohada, como a una mancha rubia,
tu ausente cabecita creo besar
y mis ojos te ven (¿ya no te acuerdas?)
más alegre y más rubia que el champagne.
Déjame; no, no quiero tus caricias;
me mancha la pintura de tus labios...
¡Todavía están tibios de otra cita!
¡Si se ve que recién los has pintado!
Apágame la luz, cierra la puerta...
No quiero verte más, mujer odiada,
Déjame solo, solo con mi pena...
¡No quiero verte más!... ¡Vuelve mañana!

*Estrenado el 25 de agosto de 1922 en el sainete "Milonguita"
por la actriz Manolita Poli, que como se recordará, también
tuvo el privilegio de estrenar "Mi Noche Triste".*

# PADRE NUESTRO

*TANGO*
*1923*
LETRA DE ALBERTO VACCAREZZA
(BARTOLOMÉ ÁNGEL VENANCIO ALBERTO VACCAREZZA).
MÚSICA DE ENRIQUE PEDRO DELFINO.

*P* adre nuestro, que estás en los cielos,
que todo lo sabes, que todo lo ves...!
¿Por qué me abandonas en esta agonía?
¿Por qué no te acuerdas de hacerlo volver?
Se me fue una mañana temprano;
me dijo *"Hasta luego"*, y un beso me dio...
Mas vino la noche, pasaron los días,
los meses pasaron y nunca volvió.

¡Padre nuestro...!
¡Qué amargura sentí ayer,
cuando tuve la noticia
que tenía otra mujer...!
¡Padre nuestro...!
¡Si un pecado es el amor,
para qué me has encendido
de este modo el corazón...!
Pero yo le perdono su falta;
ni un solo reproche si vuelve le haré...
Lo mismo lo quiero, con todas mis fuerzas,
con toda mi alma, yo soy toda de él...
¡Padre nuestro, que estás en los cielos,
que todo lo puedes, que todo lo ves...!
¿Por qué me abandonas en esta agonía?
¿Por qué no te acuerdas de hacerlo volver?

*Vaccarezza nació en Buenos Aires en 1888 falleciendo en la misma en 1959. Fue un creador de tipos y de ambiente.*

Destacado autor teatral, está considerado como el mayor sainetero de la historia.Este tango fue el que marcó la definitiva consagración de Azucena Maizani, que lo estrenara en el sainete "A Mi no me Hablen de Penas" en el teatro Nacional el 27 de julio de 1923.

# MUCHACHO

*TANGO*
*1923*
LETRA DE CELEDONIO ESTEBAN FLORES.
MÚSICA DE EDGARDO DONATO (EDGARDO FELIPE VALERIO DONATO).

*M*uchacho,
　　que porque la suerte quiso
vivís en el primer piso
de un palacete central;
que para vicios y placeres,
para farras y mujeres
disponés de un capital...
Muchacho,
que no sabés el encanto
de haber derramado llanto
por un pecho de mujer;
que no sabés qué es secarse
en una timba, y armarse
para volverse a meter...

Que decís que un tango rante
no te hace perder la calma,
y que no te llora el alma
cuando gime un bandoneón.

Que si tenés sentimiento
los tenés adormecido,
pues todo lo has conseguido
pagando como un chabón.

Decime
si en tu vida pelandruna
bajo la luz de la luna,
o si no bajo un farol,
vos te has sentido poeta
y le has dicho a una pebeta
que era más linda que el sol...
Decime
si conocés la armonía,
la dulce policromía
de las tardes de arrabal,
cuando van las fabriqueras
tentadoras y diqueras
bajo el sonoro percal.

## ORGANITO DE LA TARDE
*TANGO*
*1923*
**LETRA** DE *JOSÉ GONZÁLEZ CASTILLO.*
**MÚSICA** DE *CÁTULO CASTILLO (OVIDIO CÁTULO GONZÁLEZ CASTILLO).*

*A*l paso tardo de un pobre viejo,
puebla de notas el arrabal
con un concierto de vidrios rotos
el organito crepuscular.
Dándole vueltas a la valija,
un hombre rengo marcha detrás

mientras la dura pata de palo
marca del tango el compás.

En las notas de esa musiquita
hay no se que rara sensación,
que el barrio parece
impregnarse todo de emoción;
y es porque son tantos los recuerdos
que a su paso despertando va
que llena las almas
con un gran deseo de llorar.

Y al triste son
de esa canción
sigue el organito lerdo
como sembrando a su paso
mas pesar en el recuerdo,
mas dolor en el ocaso...
Y allá se va
de su tango al son...
Como buscando la noche
se apagará su canción.

Cuentan las viejas, que todo saben
y que el pianito juntó a charlar,
que aquel viejito tuvo una hija
que era la gloria del arrabal.
Cuentan que el rengo, que era su novio
y que en el corte no tuvo igual,
supo con ella y en las milongas
con aquel tango triunfar.

Pero cayó un día un forastero
bailarín, buen mozo y peleador,

que en una milonga
compañera y pierna le quitó.
Desde entonces es que padre y novio
van buscando por el arrabal
la ingrata muchacha
al compás de aquel tango fatal.

*José González Castillo nació en Rosario, prov. de Santa Fe, el 26 de enero de 1885, falleciendo en Buenos Aires el 22 de octubre de 1937. Dedicado desde muy joven a la escritura, a los 20 años era ya autor del drama "Los Rebeldes". Entre sus obras teatrales mas conocidas se encuentran "Del Fango", "Entre Bueyes no hay Cornadas", "El Retrato del Pibe", "Luigi y la Telaraña", títulos publicados entre 1907 y 1910. Al año siguiente emigra a Chile en donde obtuvo el primer premio del concurso organizado por el teatro Nacional con su obra "La Serenata". Por esos años, el autor compuso la obra "Los Invertidos", prohibida inmediatamente. La misma fue estrenada póstumamente en Buenos Aires hace pocos años. Se recuerdan sus tangos "Sobre el Pucho", "Silbando" y "El Aguacero" entre muchos mas.*

*Francisco García Giménez nació el 22 de septiembre de 1899, falleciendo en Buenos Aires el 7 de marzo de 1986. Cronista, comediógrafo, comentarista y guionista de películas, su obra tanguera dió frutos como "Alma en Pena", "Lunes" y "Prisionero" que, compuesto en dupla con Aieta, cuenta la historia del nacimiento de Anselmo Aieta (h.)*

# ROSA DE OTOÑO

*VALS*
*1923*
*Letra de José Rial (h).*
*Música de Guillermo Desiderio Barbieri*

*T*ú eres la vida, la vida dulce,
　llena de encantos y lucidez,
tú me sostienes y me conduces
hacia la cumbre de tu altivez.

Tú eres constancia, yo soy paciencia,
tú eres ternura, yo soy piedad;
tú representas la independencia,
yo simbolizo la libertad.

Tú bien lo sabes que estoy enfermo
y en mi semblante claro se ve
que ya de noche casi no duermo,
no duermo nada, ¿sabes por qué?

Porque yo sueño como te aprecio,
de que a mi lado te he de tener;
son sueños malos, torpes y necios
pero mi vida ¡qué voy a hacer!

Yo sufro mucho, me duele el alma,
y es tan penosa mi situación
que muchas veces por buscar calma
llevo los dedos al diapasón.

De tus desprecios nunca hagas gala
porque si lo haces pobre de mí;
quiéreme siempre, no seas tan mala,
vamos ingrata no seas así.

# LA MINA DEL FORD

*TANGO*
*1924*
LETRA DE PASCUAL CONTURSI.
MÚSICA DE FIDEL DEL NEGRO Y ANTONIO SCATASSO.

*(Recitado):*
*Por eso la mina, aburrida*
*de aguantar la vida que le dí,*
*"cachó el baúl una noche*
*y se fue cantando así:*

*Y*o quiero un cotorro
que tenga balcones,
cortinas muy largas
de seda crepé,
mirar los bacanes
pasando a montones,
pa´ver si algún reo
me dice ¡qué hacé!
Yo quiero un cotorro
con piso encerado,
que tenga alfombrita
para caminar.
Sillones de cuero
todo "repujado"
y un loro atorrante
que sepa cantar.

Yo quiero una cama
que tenga acolchado,
y quiero una estufa
pa´entrar en calor,
que venga el mucamo

corriendo apurado
y diga... "¡Señora,
araca está el Ford!".

*Es este un claro ejemplo de un tango que nace primero como poema. Posteriormente fue musicalizado. Versiones destacadas para recordar, no faltan, siendo quizá la mas recordada la de Carlos Gardel y la de Jorge Vidal.*

# PRÍNCIPE

### TANGO
#### 1924
**LETRA DE FRANCISCO GARCÍA JIMÉNEZ.**
**MÚSICA DE ANSELMO AIETA.**

*P*ríncipe fui, tuve un hogar y un amor,
llegué a gustar la dulce paz del querer
y pudo más que la maldad y el dolor,
la voluntad de un corazón de mujer,
y así llorar hondo pesar hoy me ves,
pues para luchar no tengo ya valor.
Lo que perdí no he de encontrar otra vez,
príncipe fui, tuve un hogar y un amor.

Y hoy que, deshechos mis sueños bellos,
mi pie en las calles sin rumbo pisa,
cuando les digo que he sido un príncipe
los desalmados lo echan a risa:
cuando les digo que fue la muerte
quien de mi trono se apoderó,
¡cómo se ríen de mi desgracia

y es mi desgracia su diversión!

Loco, me dicen los desalmados
y siento por todos lados "loco, loco".
Esos que me insultan al pasar,
nunca, nunca mi recuerdo han de empañar.

Porque está aquí, dentro mí, la verdad
y no han de ver la imagen fiel que quedó...
Querrán robar - intento vano será -
no han de robar lo único que se salvó,
Y si perdí todo el poder que logré
quién ha de impedir que diga en mi dolor:
príncipe fui, sí que lo fui, no soñé;
príncipe fui, tuve un hogar y un amor.

*Francisco García Giménez nació el 22 de septiembre de 1899, falleciendo en Buenos Aires el 7 de marzo de 1986. Cronista, comediógrafo, comentarista y guionista de películas, su obra tanguera dió frutos como "Alma en Pena", "Lunes" y "Prisionero" que, compuesto en dupla con Aieta, cuenta la historia del nacimiento de Anselmo Aieta (h.)*

## GRISETA
### TANGO
### 1924
### LETRA DE JOSÉ GONZÁLEZ CASTILLO.
### MÚSICA DE ENRIQUE PEDRO DELFINO.

*M*ezcla rara de Museta y de Mimí con caricias de Rodolfo y de Schaunard,

era la flor de París
que un sueño de novela trajo al arrabal.
Y en el loco divagar del cabaret,
al arrullo de algún tango compadrón
alentaba una ilusión,
soñaba con Des Grieux,
quería ser Manón...

¡Francesita,
que trajiste, pizpireta,
sentimental y coqueta,
la alegría del Quartier...!
¡Quién diría
que tu poema de Griseta
sólo una estrofa tendría,
la silenciosa agonía
de Margarita Gauthier...!

Mas la fría sordidez del arrabal,
agostando la pureza de su fe,
sin hallar a su Duval
secó su corazón lo mismo que un muguet,
Y una noche de champán y de cocó,
al arrullo funeral de un bandoneón,
pobrecita, se durmió
lo mismo que Mimí,
lo mismo que Manón...

*Fue estrenado por el actor Raúl Laborde en la obra de teatro "Hoy Trasmite Radio Cultura" en el mes de octubre del año de su creación. En su texto aparecen numerosas palabras y personajes del París de la época.*

# HACELO POR LA VIEJA

*TANGO*
*1924*
LETRA DE CARLOS VIVÁN (MIGUEL RICE TREACY) Y HÉCTOR BONATTI.
MÚSICA DE RODOLFO ANÍBAL SCIAMMARELLA.

*C*ampaneame bien, hermano;
estoy listo en la palmera...
Yo sé bien que "La Que Espera"
muy pronto me va a llevar;
por eso es que chorro viejo,
escabiador, mujeriego,
sólo te pido, te ruego,
me escuchés sin protestar.
A nadie tengo en el mundo
más que a vos y a la viejita;
por mi culpa, pobrecita,
vos sabés cuánto lloró...
Pero vos estás a tiempo,
si querés podés abrirte
y no vas a arrepentirte
como me arrepiento yo.

¡Hacelo por la vieja,
abrite de la barra...!
¿No ves lo que te espera
si continuás así?
¿No ves que es peligroso
tomar la vida en farra?
¡Hacelo por la vieja
si no lo hacés por mí...!

De ésta, hermano, no me escapo,
no pretendas engrupirme;

mas, ¿pa´ qué voy a afligirme,
si tenía que suceder?
Aunque mama, pobre mama,
prenda velas a la Virgen,
yo sé bien que estoy en cama,
que ya no hay nada que hacer...
Anoche, la pobre vieja,
cuando nadie la veía,
creyéndose que dormía
llorando me fue a besar.
No pude hacerme el dormido;
la besé, la abracé fuerte...
-¡Madre (le dije), la Muerte
muy pronto me va a llevar...!

# LA CUMPARSITA

*TANGO*
*1924*
LETRA DE PASCUAL CONTURSI Y ENRIQUE PEDRO MARONI.
MÚSICA DE GERARDO HERNÁN MATOS RODRÍGUEZ.

¡Si supieras
que aún dentro de mi alma
conservo aquel cariño
que tuve para ti...!
¡Quién sabe, si supieras
que nunca te he olvidado...!
Volviendo a tu pasado
te acordarás de mí...

Los amigos ya no vienen
ni siquiera a visitarme;

nadie quiere consolarme
en mi aflicción...
desde el día que te fuiste
siento angustias en mi pecho...
¡Decí, percanta, qué has hecho
de mi pobre corazón...!

Sin embargo
yo siempre te recuerdo
con el cariño santo
que tuve para ti;
y estás dentro de mi alma,
pedazo de mi vida,
en la ilusión querida
que nunca olvidaré.

Al cotorro abandonado
ya ni el sol de la mañana
asoma por la ventana,
como cuando estabas vos...
Y aquel perrito compañero
que por tu ausencia no comía
al verme solo, el otro día
también me dejó.

*En 1916, G. M. Rodríguez le hizo llegar a Don Roberto Firpo, la partitura de una marchita de su propiedad. El maestro de Las Flores, la corrigió, le introdujo modificaciones y agregó partes suyas. En ese mismo año lo estrenó en "La Giralda" de Montevideo. La letra transcripta llevó por nombre "Si Supieras..."*

# EL BULÍN DE LA CALLE AYACUCHO

*TANGO*
*1925*
LETRA DE CELEDONIO ESTEBAN FLORES.
MÚSICA DE LOS HERMANOS JOSÉ Y LUIS SERVIDIO.

*E*l bulín de la calle Ayacucho, que
en mis tiempos de rana alquilaba;
el bulín que la barra buscaba
pa´ caer por la noche a timbear;
el bulín donde tantos muchachos
en sus rachas de vida fulera
encontraron marroco y catrera,
rechiflado, parece llorar.

El *primus* no me faltaba
con su carga de aguardiente,
y habiendo agua caliente
el mate era allí señor.
No faltaba la guitarra
bien encordada y lustrosa,
ni el bacán de voz gangosa
con berretín de cantor.

Cotorrito mistongo, tirado
en el fondo de aquel conventillo,
sin alfombra, sin lujo, sin brillo;
cuántos días felices pasé
al calor del querer de una piba
que fue mía, mimosa y sincera,
y una noche de invierno fulera
hacia el cielo de un vuelo se fue.

Cada cosa era un recuerdo

que la vida me amargaba,
por eso me la pasaba
cabrero, rante y tristón.
Los muchachos se cortaron
al verme tan afligido,
y yo me quedé en el nido
empollando mi aflicción.

El bulín de la calle Ayacucho
ha quedado mistongo y fulero;
ya no se oye al cantor milonguero
engrupido su musa entonar.
En el *Primus* no bulle la pava
que a la barra contenta reunía,
y el bacán de la rante alegría
está seco de tanto llorar.

*Posteriormente, con la letra censurada fue MI CUARTITO.*
*De existencia real en el 1443 de la calle citada.*
*Sus propietarios eran Celedonio Flores y el cantor Fernando*
*Nunziata. Como es de esperarse, era utilizado para reuniones*
*bohemias y con fines non sanctos.*

# ¡LEGUISAMO SOLO!

*TANGO*
*1925*
LETRA Y MÚSICA DE MODESTO PAPÁVERO.

*A*lzan las cintas; parten los tungos
como saetas al viento veloz...
Detrás va el Pulpo, alta la testa
la mano experta y el ojo avizor.

Siguen corriendo; doblan el codo,
ya se acomoda, ya entra en acción...
Es el maestro el que se arrima
y explota un grito ensordecedor.

"¡Leguisamo solo!"...,
gritan los nenes de la popular.
"¡Leguisamo solo!"...,
fuerte repiten los de la oficial.
"¡Leguisamo solo!"...,
ya está el puntero del Pulpo a la par.
"¡Leguisamo al trote!"...,
y el Pulpo cruza el disco triunfal.

No hay duda alguna, es la muñeca,
es su sereno y gran corazón
los que triunfan por la cabeza
en gran estilo y con precisión.
lleva los pingos a la victoria
con tal dominio de su profesión
que lo distinguen con mucha gloria,
mezcla de asombro y admiración.

*Según las circunstancias, Gardel cambiaba*
*los agregados que él le hacía a la letra.*

# MILONGUERA

*TANGO*
*1925*
LETRA Y MÚSICA DE JOSÉ MARÍA AGUILAR.

*M*ilonguera de melena recortada,
que ahora te exhibes en el Pigalle,
no recuerdas tu cabeza coronada
por cabellos relucientes sin igual...
Acordate que tu vieja acariciaba
con sus manos pequeñitas de mujer
tu cabeza de muchachita alocada
que soñaba con grandezas y placer.

Una noche te fugaste
del hogar que te cuidó,
y a la vieja abandonaste,
que en la vida te adoró.
En busca de los amores,
y para buscar placeres,
fuiste con otras mujeres
al lugar de los dolores.

Milonguera de melena recortada,
que antes tenías hogar feliz,
no recuerdas a tu viejita amargada
que ignora todavía tu desliz...
Acordate de aquel novio enamorado
que luchaba por formarte un buen hogar,
y que tímido, feliz y mal confiado,
colocaba tu recuerdo en un altar.

Ahora sola, abandonada
en las alas del placer,

vas dejando, acongojada,
tus ensueños de mujer.
De tus trenzas, en la historia
ni las hebras quedarán
que perduren tu memoria
a los que te llorarán.

*José María Aguilar fue uno de los mas grandes y solicitados guitarristas de la época. En su notable trayectoria, acompañó a Gardel, Magaldi y Corsini. Sobreviviente del accidente de Medellín, falleció años después en Buenos Aires, víctima de un accidente de tránsito.*

# AUDACIA

*TANGO*
*(C.1925)*
LETRA DE CELEDONIO FLORES
MÚSICA DE HUGO LA ROCCA

*M*e han contado,
y perdoname que te
increpe de este modo,
que la vas de *partenaire*
en no se que bataclán;
que has rodao como un potrillo
que lo pechan en el codo,
engrupida, bien debute
por la charla de un bacán.
Yo no manyo, francamente,
lo que es ser *partenaire*,
aunque digás que soy bruto y atrasado,

¿qué querés? no debe ser nada bueno
si hay que andar con todo el aire
y en vez de batirlo en criollo
te lo baten en francés.

Después dicen...
y este dato, qué querés, me desconsuela,
pues viene de los muchachos
que te han visto trabajar,
que salís con otras minas
 a llenar la pasarela y a cantar,
si lo que hacen se puede llamar cantar,
vos que no tenés oído ni para el "Arroz con Leche",
y cantabas "La Morocha"como número de atracción;
quién te viera tan escaza de vergüenza y de peleche
emprenderla a los berridios
cuando suena un charlestón.

Te han cambiado ¡pobre mina!
Si tu vieja, la finada,
levantara la cabeza desde el fondo del cajón,
y te viera en esa mano,
tan audaz y descocada,
se moría nuevamente
de dolor e indignación.
Vos, aquella muchachita
a quien ella santamente
educó, tan calladita,
tan humilde y tan formal,
te han cambiao ¡pobre mina!,
te engrupieron tontamente,
bullanguera mascarita
de un mistongo carnaval.

Gardel versiona a Celedonio en su "Margot" y "Mano a Mano",
lanzándolo a la popularidad. Desvinculado de este, compone
en exclusividad para Rosita Quiroga a partir del 23. Esta
hermosa pieza olvidada durante décadas, regresa triunfal como
pilar del repertorio de Edmundo Rivero.

# PUENTE ALSINA
## TANGO
### 1926
#### LETRA Y MÚSICA DE BENJAMÍN TAGLE LARA.

*D*ónde está mi barrio, mi cuna querida?
¿Dónde la guarida, refugio de ayer?
Borró el asfaltado, de una manotada,
la vieja barriada que me vió nacer...

En la sospechosa quietud del suburbio,
la noche de un triste drama pasional
y, huérfano entonces, yo, el hijo de todos,
rodé por el lodo de aquel arrabal.

Puente Alsina, que ayer fuera mi regazo,
de un zarpazo la avenida te alcanzó...
Viejo puente, solitario y confidente,
sos la marca que, en la frente,
el progreso le ha dejado
al suburbio revelado
que a su paso sucumbió.

Yo no he conocido caricias de madre...
Tuve un solo padre que fuera el rigor

y llevo en mis venas, de sangre matrera,
gritando una gleba su crudo rencor.
Porque me lo llevan, mi barrio, mi todo,
yo, el hijo del lodo lo vengo a llorar...
Mi barrio es mi madre que ya no responde...
¡Qué digan adónde lo han ido a enterrar!

## CAMINITO

*TANGO*
*1926*
*LETRA DE GABINO CORIA PEÑALOZA.*
*MÚSICA DE JUAN DE DIOS FILIBERTO*
*(OSCAR JUAN DE DIOS FILIBERTI).*

*C*aminito que el tiempo ha borrado,
 que juntos un día nos viste pasar,
he venido por última vez,
he venido ha contarte mi mal...
Caminito que entonces estabas
bordeado de trébol y juncos en flor,
una sombra ya pronto serás,
una sombra lo mismo que yo...

Desde que se fue
triste vivo yo;
caminito amigo,
yo también me voy...
Desde que se fue
nunca más volvió;
seguiré sus pasos...
¡Caminito, adiós...!

Caminito que todas las tardes
feliz recorría cantando mi amor,
no le digas si vuelve a pasar
que mi llanto tu suelo regó.
Caminito cubierto de cardos,
la mano del tiempo tu huella borró;
yo a tu lado quisiera caer
y que el tiempo nos mate a los dos.

*Según dijera el poeta, se inspiró en un pueblito de su La Rioja natal, Olta. En cambio Juan de Dios Filiberto dijo que para la música, compuesta previamente, tomó como referencia una cortada del barrio de La Boca, luego remozada y rebautizada en honor al célebre tango.*

## BAJO BELGRANO

*TANGO*
*1926*
LETRA DE FRANCISCO GARCÍA JIMÉNEZ.
MÚSICA DE ANSELMO ALFREDO AIETA.

*B*AJO BELGRANO, CÓMO ES DE SANA
tu brisa pampa de juventud
que trae silbidos, canción y risa
desde los patios de los studs...!
¡Cuánta esperanza, la que en vos vive,
la del peoncito que le habla al crack:
-Sacáme ´e pobre, pingo querido,
*no te me manques pa´ l "Nacional"...!*

La tibia noche de Primavera
turban las violas en el Lucero;
se hizo la fija del parejero

y están de asado, baile y cantor.
Y mientras pinta la vida un tango
que el ronco fueye lento rezonga,
se alza la cifra de una milonga
con el elogio del cuidador.

¡Calle Blandengues, donde se asoma
la morochita linda y gentil
que pone envuelta en su mirada
su simpatía sobre un mandil...!
Y en la alborada de los aprontes,
al trote corto del vareador,
se cruza el ansia de la fortuna
con la sonrisa del buen amor...

Bajo Belgrano, cada semana
el grito tuyo que viene al Centro,
" ¡*programa y montas para mañana!* ",
las ilusiones prendiendo va;
y en el delirio de los domingos
tenés reunidos frente a la cancha
gritando el nombre de tus cien pingos
los veinte barrios de la ciudad...

*Fue tercer premio del 3er. concurso de la casa*
*Max Glucksman, que producía los discos Nacional-Odeón.*
*El interprete de su estreno fue Osvaldo Fresedo.*

# EL CIRUJA

*TANGO*
*1926*
LETRA DE FRANCISCO ALFREDO MARINO.
MÚSICA DE ERNESTO NATIVIDAD DE LA CRUZ.

*C*omo con bronca y junando,
de rabo de ojo a un costado,
sus pasos ha encaminado
derecho pa´ l arrabal.
Lo lleva el presentimiento
de que en aquel potrerito
no existe ya el bulincito
que fue su único ideal.

Recordaba aquellas horas de garufa,
cuando minga de laburo se pasaba;
meta punga, al codillo escolaseaba,
y en los burros se ligaba un metejón;
cuando no era tan junado por los tiras
la lanceaba sin temer el manyamiento;
una mina le solfeaba todo el vento
y jugó con su pasión.

Era un mosaico diquero
que yugaba de quemera,
hija de una curandera,
mechera de profesión;
pero vivía engrupida
de un cafiolo vidalita
y le pasaba la guita
que le sacaba al matón.

Frente a frente, dando muestras de coraje,
los dos guapos se trenzaron en el Bajo,
y el Ciruja, que era listo para el tajo,
al cafiolo le cobró caro su amor...
Hoy, ya libre ' e la gayola y sin la mina,
campaneando un cacho ' e sol en la vedera,
piensa un rato en el amor de su quemera
y solloza en su dolor.

*El 12 de agosto de 1926 el dúo Alfredo Marino y Pablo Gómez
lo estrenan en el Café Nacional de la Corrientes angosta, sobre
la música de Ernesto de la Cruz. La hoy reverenciada como una
de las obras maestras de la poesía lunfarda, surge de un desafío
del músico para escribir la letra en solo dos días.*

# QUE VACHACHÉ

*TANGO
1926*
LETRA Y MÚSICA DE ENRIQUE SANTOS DISCÉPOLO.

*P*iantá de aquí, no vuelvas en tu vida;
ya me tenés bien requeteamurada...
No puedo más pasarla sin comida
ni oírte así, decir tanta pavada...
¿No te das cuenta que sos un engrupido?
¿Te creés que al mundo lo vas a arreglar vos?
¡Si aquí ni Dios rescata lo perdido!
¿Qué querés vos? ¡Hacé el favor...!

Lo que hace falta es empacar mucha moneda,
vender el alma, rifar el corazón,
tirar la poca decencia que te queda,

plata, plata y plata, y plata otra vez...
Así es posible que morfés todos los días,
tengas amigos, casa, nombre, lo que quieras vos...
El verdadero amor se ahogó en la sopa;
la Panza es Reina y el Dinero es Dios.

¿Pero no ves, gilito embanderado,
que la razón la tiene el de más guita,
que la honradez la venden al contado
y a la moral la dan por monedita?
¿Que no hay ninguna verdad que se resista
frente a dos pesos moneda nacional?
¡Vos resultás, haciendo el moralista,
un disfrazao sin Carnaval!

¡Tirate al río, no embromés con tu conciencia!
Sos un secante que no hace ni reír...
Dame puchero, guardáte la decencia;
vento, mucho vento, ¡yo quiero vivir!
¿Qué culpa tengo si has piyao la vida en serio?
¡Pasás de otario, morfás aire y no tenés colchón!
¡Qué vachaché, si hoy ya murió el criterio;
VALE JESÚS LO MISMO QUE EL LADRÓN...!

## SIGA EL CORSO

*TANGO*
*1926*
*LETRA DE FRANCISCO GARCÍA JIMÉNEZ.*
*MÚSICA DE ANSELMO ALFREDO AIETA.*

*E*sa Colombina
puso en sus ojeras
humo de la hoguera

de su corazón...
Aquella Marquesa
de la risa loca
se pintó la boca
por besar a un clown...
Cruza del palco hasta el coche
la serpentina nerviosa y fina
como un pintoresco broche
sobre la noche del Carnaval...

Te quiero conocer, saber a dónde vas,
alegre mascarita que me gritas al pasar:
-*Adiós, adiós, adiós...* -¿Quién sos, a dónde vas...?
-*Yo soy la misteriosa mujercita de tu afán...*
No finjas más la voz, abajo el antifaz,
tus ojos por el corso van buscando mi ansiedad...
Descúbrete, por fin; tu risa me hace mal...
¡Detrás de tus desvíos todo el año es carnaval!

Con sonora burla
truena la corneta
de una pizpireta
dama de organdí,
y entre grito y risa,
linda Maragata,
jura que la mata
la pasión por mí...
Bajo los chuscos carteles
pasan los fieles
del Dios Jocundo
y le van prendiendo al mundo
sus cascabeles de Carnaval...

*(Ver "Carnaval").*

# TENGO MIEDO

*TANGO*
*1926*
LETRA DE CELEDONIO ESTEBAN FLORES.
MÚSICA DE JOSÉ MARÍA AGUILAR.

*E*n la timba de la vida me planté con siete y medio,
siendo la única parada de la vida que acerté;
yo ya estaba en la pendiente de la ruina sin remedio,
pero un día dije: -!*Planto...!*, y ese día me planté...
Yo dejé la barra rea de la eterna caravana;
me aparté de la milonga y su rante berretín.
Con lo triste de mi noche hice una hermosa mañana;
cementerio de mi vida convertido en un jardín.

Garconniere, carreras, timbas, copetines de viciosos,
y cariños pasajeros, besos falsos de mujer;
todo enterré en el olvido del pasado bullicioso
por el cariño más grande que un hombre pueda tener.
hoy, ya ves, estoy tranquilo, por eso es que, buenamente,
te suplico que no vengas a turbar mi dulce paz...
Que me dejes con mi madre, que a su lado, santamente,
edificaré otra vida, ya que me siento capaz...

¡Te suplico que me dejes, tengo miedo de encontrarte,
porque hay algo en mi existencia que no te puede
olvidar...!
Tengo miedo de tus ojos, tengo miedo de besarte,
tengo miedo de quererte y de volver a empezar...
Sé buenita, no me busques; apartate de mi senda...
Tal vez en otro cariño encontrés tu redención...
Vos sabés que yo no quiero que mi chamuyo te ofenda,
¡es que tengo mucho miedo que me falle el corazón...!

# TIEMPOS VIEJOS

*(TE ACORDÁS, HERMANO).*
*TANGO*
*1926*
LETRA DE MANUEL ROMERO.
MÚSICA DE FRANCISCO CANARO (FRANCISCO CANAROZZO).

*T*e acordás, hermano, qué tiempos aquellos...?
Eran otros hombres, más hombres los nuestros.
No se conocía coca ni morfina;
los muchachos de antes no usaban gomina...
¿Te acordás, hermano, qué tiempos aquellos...?
Veinticinco abriles que no volverán...
¡Veinticinco abriles! ¡Volver a tenerlos!
¡Si cuando me acuerdo me pongo a llorar...!

¿Dónde están los muchachos de entonces?
Barra antigua de ayer, ¿dónde están?
Yo y vos solo quedamos, hermano;
yo y vos solo, para recordar...
¿Te acordás, las mujeres aquellas,
minas fieles de gran corazón
que en los bailes de Laura peleaban,
cada cual defiendo su amor...?

¿Te acordás, hermano, la Rubia Mireya
que quité en lo de Hansen al guapo Rivera?
¡Casi me suicido una noche por ella,
y hoy es una pobre mendiga harapienta...!
¿Te acordás, hermano, lo linda que era?
¡Se formaba rueda pa´verla bailar!
Cuando por la calle la veo tan vieja,
doy vuelta la cara y me pongo a llorar...

# VIEJO CIEGO

TANGO
*1926*
LETRA DE HOMERO MANZI.
MÚSICA DE SEBASTIÁN PIANA Y CÁTULO CASTILLO.

*C*on un lazarillo llegás por las noches
    trayendo las quejas del viejo violín,
y en medio del humo parece un fantoche
tu rara silueta de flaco rocín...!
Puntual parroquiano, tan viejo y tan ciego,
al ir destrenzando tu eterna canción
ponés en las mesas recuerdos añejos
¡y un poco de pena mezclás al alcohol...!

El día que se apaguen tus tangos quejumbrosos
tendrá crespones de humo la luz del bodegón,
y habrá en los naipes sucios un sello misterioso...
y habrá en las almas simples un poco de emoción...
El día en que se apague la voz de tu instrumento
se llenará de sombras la voz del arrabal.
Los curdas jubilados, sin falsos sentimientos,
con una canzoneta te harán el funeral.

Parecés un verso del loco Carriego.
Parecés el alma del mismo violín,
puntual parroquiano... tan viejo y tan ciego,
tan llenos de penas... ¡tan lleno de esplín...!
Cuando oigo tus notas me invade el recuerdo
de aquella muchacha de tiempos atrás...
A ver, viejo ciego... "¡Tocá un tango lerdo...!
Muy lerdo y muy triste, ¡qué quiero llorar...!"

*Probable primera composición de Homero, nacida como "El
ciego del violín" y musicalizada y difundida mucho tiempo*

*después de su creación. Homero Nicolás Manzione Prestera, nació en Añatuya, Santiago del Estero, el 1 de noviembre de 1907 y murió en Buenos Aires el 3 de mayo de 1951. Arquetipo de poeta de tango, se inicia en el oficio de las letras por su amistad con Cátulo Castillo, con quien colaboró entre otras - casi todas- personalidades. Dirigente gremial, político, fundador de FORJA, fue directivo de SADAIC durante varios períodos.*

## A MEDIA LUZ

*TANGO*
*(1926)*
LETRA DE CARLOS CÉSAR LENZI.
MÚSICA DE EDGARDO DONATO (EDGARDO FELIPE V. DONATO)

*C* orrientes tres cuatro ocho,
segundo piso ascensor...
No hay porteros ni vecinos;
adentro, cocktail y amor...
Pisito que puso Mapple,
piano, estera y velador
un telefón que contesta,
una victrola que llora
viejos tangos de mi flor,
y un gato de porcelana
pa' que no maúlle al amor.

Y todo a media luz...
¡Qué brujo es el amor!
A media luz los besos,
a media luz los dos...
Y todo a media luz,
crepúsculo interior...

¿Qué suave terciopelo,
la media luz de amor...!

Juncal doce veinticuatro,
telefoneá sin temor...
De tarde, té con masitas;
de noche, tango y champán.
Los domingos, té danzante;
los lunes desolación...
Hay de todo en la casita:
almohadones y divanes;
como en botica, cocó;
alfombras que no hacen ruido
y mesa puesta al amor...

*Fue estrenado el 7 de abril del 26 por la cantante Lucy Clory en el teatro Catalunya en la uruguaya Montevideo, formando parte del espectáculo teatral "Su Majestad, la Revista". Nació sin letra pero al las 24 hs. de conocerse su música, Carlos Lenzi suscribió los versos con los que se hiciera famoso. La misma música cuenta con una versión en inglés de Dorcas Cochrane. En Europa corrió una versión de Eduardo V. Bianco.*

# ARACA CORAZÓN

*TANGO*
*1927*
LETRA DE A. VACAREZZA Y E. DELFINO.

raca, corazón!... ¡cállate un poco!;
si sabés que su amor es todo tuyo
y escucha por favor este chamuyo,
y no hay motivos para hacerse loco,
   ¡araca, corazón!... ¡cállate un poco!

   Así cantaba un pobre punga
   que a la gayola por culpa de ella
   fue a descansar.
   Mientras la paica, con sus donaires,
   por esas calles de Buenos Aires
   se echó a rodar.

   Mas, como todo se acaba en esta vida,
   una tarde salió de la prisión,
   y al hallarla le dijo el pobre punga:
   Volvé otra vez conmigo, ¡por favor!

   Volver no puedo, dijo la paica:
   el amor mío ya se acabó.
   Pasó una sombra, sonó un balazo,
   cayó la paica, y una ambulancia
   tranquilamente, se la llevó.

   Y, nuevamente, en las horas de la noche,
   cuando duerme tranquilo el pabellón,
   desde la última celda de la cárcel
   se oye cantar del punga esta canción:
   ¡Araca, corazón!... ¡cállate un poco!...

# CARNAVAL

*TANGO*
*1927*
LETRA DE FRANCISCO GARCÍA JIMÉNEZ.
MÚSICA DE ANSELMO ALFREDO AIETA.

*S*os vos, pebeta...? ¿Sos vos...? ¡Cómo te va...!
Estás de baile... ¿Con quién...? ¡Con un
bacán...!
Tan bien vestida das el golpe,
te lo digo de verdad...
¿Habré cambiado, que vos ni me mirás
y sin decirme adiós ya vas a entrar...?
No te apresurés;
mientras paga el auto tu bacán
yo te diré:

*¿Dónde vas con mantón de Manila'*
¿Dónde vas con tan lindo disfraz?
¡Nada menos que a un baile lujoso
donde cuesta la entrada un platal!
¡Qué progresos has hecho, pebeta,
que cambiaste por seda el percal!
¡Disfrazada de rica estás papa,
lo mejor que yo vi en Carnaval!

La vida rueda, también rodaste vos;
yo soy el mismo que ayer era tu amor...
Muy poca cosa: un buen muchacho
menos plata que ilusión...
Y aquí en la puerta, ya cansado de vagar,
las mascaritas al baile veo entrar...
Vos entrás también,
y la bienvenida a media voz
yo te daré:

Divertite, gentil Colombina,
con tu serio y platudo Arlequín;
comprador del cariño y la risa
con su bolsa que no tiene fin...
Coqueteá con tu traje de rica
que no puede ofrecerte Pierrot,
que el disfraz sólo dura una noche,
pues lo queman los rayos del sol...

*El carnaval es una temática que se reitera en la producción de este binomio que produjera tantos éxitos. "Suerte Loca", "Entre Sueños", se cuentan en su repertorio.*

# GLORIA

*TANGO*
*1927*
LETRA DE ARMANDO JOSÉ MARÍA TAGINI.
MÚSICA DE HUMBERTO CANARO (JOSÉ CANAROZZO).

*T*enés vento, sos un gran señor,
    pero a mí no me vas a engrupir;
con tus frases de mentido amor
perdés tiempo, ya podés seguir...
Desde el pique, viejo, te juné
la intención de quererme comprar;
pero yo soy de buen pedigrée,
a otra puerta andá a golpear...

Viejito, ¡salud!

Podés espiantar,
que mi juventud
no es flor pa´ tu ojal.
La gloria que vos
a mí me ofrecés
guardala, mejor,
para otra mujer.
Mi pibe no es
bacán de bastón,
pero, has de saber,
tiene buen corazón.
Y soy para él,
pues bien yo lo sé,
no hay gloria mayor
que la del amor.

Yo no quiero farras ni champán,
ni vivir en un *petit hotel,*
Y A LA VOITURETTE QUE VOS ME DAS
yo prefiero un coche de alquiler...
Y un consejo sano te daré
pa´ ponerle al dialoguito fin:
que comprés un peine y te saqués
del altillo el berretín.

*Aunque no le vaya muy bien a la heroína de la letra , no hubo figura femenina del canto tanguero que no lo incluyera en su repertorio.*

# ADIOS, MUCHACHOS

*TANGO*
*(C. 1927)*
LETRA DE CÉSAR FELIPE VEDANI
MÚSICA DE JULIO CÉSAR SANDERS

diós muchachos, compañeros de mi vida,
barra querida de aquellos tiempos;
me toca a mí hoy emprender la retirada,
debo alejarme de mi buena muchachada...
Adiós muchachos, ya me voy y me resigno;
contra el destino nadie la talla...
Se terminaron para mí todas las farrras,
mi cuerpo enfermo no resiste más.

Acuden a mi mente
recuerdos de otros tiempos,
de los bellos momentos
que antaño disfruté
cerquita de mi madre,
santa Viejita,
y de mi noviecita
que tanto idolatré.
¿se acuerdan, que era hermosa
mas bella que una diosa,
y yo enfermo de amor
le di mi corazón?
¡Mas el Señor, celoso
de sus encantos,
hundiéndome en el llanto
se la llevó!

Es Dios el juez supremo,
no hay quien se le resista;

ya estoy acostumbrado
su Ley a respetar,
pues mi vida deshizo
con sus mandatos,
llevándose a mi madre
y a mi novia también...
Dos lágrimas sinceras
derramo en mi partida
por la barra querida
que nunca me olvidó;
y al darle a mis amigos
mi adiós postrero
les doy con toda mi alma
mi bendición.

*Uno de los contados casos que un tango es grabado por los tres grandes. Verdadero embajador del tango internacionalmente, es sumamente resistido por los cantores locales aún hoy. Curiosamente, es uno de los tangos mas versionados en el mundo. Se cuenta con mas de mil registros diferentes en discotecas de coleccionistas.*

# NUNCA TUVO NOVIO
*TANGO*
*1928*
*LETRA DE DOMINGO ENRIQUE CADÍCAMO.*
*MÚSICA DE AGUSTÍN BARDI.*

*P*obre solterona, te has quedado
sin ilusión, sin fe...
Tu corazón de angustia se ha enfermado,
puesta de sol es hoy tu vida trunca...

Sigues como entonces, releyendo
el novelón sentimental
en el que una niña aguarda en vano
consumida por un mal
de amor...

En la soledad
de tu pieza de soltera está el dolor;
triste realidad
es el fin de tu jornada sin amor...
Lloras y al llorar
van las lágrimas templando tu emoción,
y en las hojas de tu viejo novelón
te ves, sin fuerzas, palpitar...
Deja de llorar
por el príncipe soñado que no fue
junto a ti, a volcar
el rimero melodioso de su voz...
Tras el ventanal,
mientras pega la llovizna en el cristal,
con tus ojos más nublados de dolor
soñás un paisaje de amor...

Nunca tuvo novio, pobrecita,
porque el amor no fue
a su rincón de humilde muchachita,
a reanimar las flores de sus años...
Yo, con mi montón de desengaños,
igual que vos vivo sin luz,
sin una caricia venturosa
que en mi pecho haga olvidar
mi cruz...

*Uno de los mas claros exponentes del tango romanza.*

Nacido en la villa de Luján en 1900, aunque a veces utiliza el seudónimo Rosendo Luna para firmar la música, Enrique Cadícamo es uno de los poetas mas prolíficos del tango. Como lírico deja además "Canciones Grises" y "Luna del Bajofondo" entre otras. Como novela "Café de Camareras". Entre su obra de investigación se cuenta "El Desconocido Juan Carlos Cobián" y en memorias "El Tango en París" y "Bajo el Signo del Tango". Vive en Buenos Aires, teniendo registrados aproximadamente 500 títulos en la Sociedad de Compositores.

# DANDY

*TANGO*
*(c.1928)*
LETRA Y MÚSICA DE AGUSTÍN IRUSTA,
ROBERTO FUGAZOT Y LUCIO DEMARE.

*D*andy! Ahora te llaman
los que no te conocieron,
cuando entonces eras terrán,
porque pasás por niño bien.
Y ahora te creen
que sos un bacán,
mas, yo se, ¡Dandy!
que sos un seco,
y en el barrio
se comentan fulerías
para tu mal.

Cuando sepan que solo
sos confidente...
tus amigos del café,
te piantarán.

Has nacido en una cuna
de malevos, calaveras,
de vivillos y otras hierbas.
Sin embargo, ¡quién diría!
en el circo de la vida
siempre fuiste un gran chabón.
Entre la gente del hampa
no has tenido perfomance,
pero dicen los pipiolos
que se ha corrido la bolilla
y han junado que sos un batidor.
¡Dandy! En vez de darte
tanto corte, pensá un poco
en tu pobre viejecita
y en su dolor.
Tu pobre hermana, en el taller,
su vida entrega con entero amor,
y por las noches
su almita enferma,
con la de su madrecita,
en una sola sufriendo están:
pero, un día, cuando nieve en tu cabeza
a tu hermana y a tu vieja llorarás.

*Los tres autores, agrupados y llevados a Europa por Francisco Canaro,fueron los precursores del cancionero argentino en España. Artistas del género criollo, se presentaban vestidos de gaucho. El rubro se llamaba trío argentino, y tuvieron singular suceso durante largo tiempo. Un productor cubano los reune nuevamente hacia 1946 para grabar.*

# BANDONEÓN ARRABALERO

*TANGO*
*1928*
*LETRA DE PASCUAL CONTURSI.*
*MÚSICA DE JUAN BAUTISTA DEAMBROGIO.*
*ATRIBUIDA A HORACIO PETTOROSSI (HORACIO GEMIGNANI PETTOROSSI).*

*B*andoneón arrabalero,
    viejo fueye desinflado...!
Te encontré como a un pebete
que su madre abandonó
en la puerta de un convento
sin revoque en las paredes,
a la luz de un farolito
que de noche te alumbró.

Bandoneón,
porque ves que estoy triste
y cantar ya no puedo,
vos sabés
que yo llevo en el alma
marcado un dolor.
Te llevé para mi pieza,
te acuné en mi pecho frío...
Yo también abandonado
me encontraba en el bulín...
Has querido consolarme
con tu voz enronquecida,
y tu nota dolorida
aumentó mi berretín.

*Compuesto en Europa, en donde estaba actuando el autor de su música.*

# CHORRA

*TANGO*
*1928*
LETRA Y MÚSICA DE ENRIQUE SANTOS DISCÉPOLO

*P*or ser bueno me pusiste a la miseria,
    me dejaste en la palmera,
me afanaste hasta el color.
En seis meses me comiste el mercadito,
la casilla de la feria, la ganchera, el mostrador.
¡Chorra, me robaste hasta el amor...!
Áura
tanto me asusta una mina,
que si en la calle me afila
me pongo al lao del botón...

*Lo que mas bronca me da*
es haber sido tan gil...

Si hace un mes me desayuno
con lo que he sabido ayer,
no era a mí que me cachaban
tus rebusques de mujer.
Hoy me entero que tu mama,
*"noble viuda de un guerrero"*,
es la chorra de más fama
que pisó la Treinta y Tres.
Y he sabido que el "guerrero",
*"que murió lleno de honor"*,
ni murió ni fue guerrero
como me engrupiste vos:
está en cana prontuariado
como agente ´e la Camorra,
profesor de cachiporra,

malandrín y estafador...

Entre todos me pelaron con la cero,
tu silueta fue el anzuelo
donde yo me fui a ensartar.
Se tragaron vos, la "viuda" y el "guerrero",
lo que me costó diez años
de paciencia y de yugar.
¡Chorros,
vos, tu vieja y tu papá...!
¡Guarda,
cuidensé, porque anda suelta;
|si los cacha los da vuelta,
no les da tiempo a rajar!

*Lo que mas bronca me da*
*es haber sido tan gil...*

# DUELO CRIOLLO

*TANGO*
*1928*
*LETRA DE LITO BAYARDO (MANUEL JUAN GARCÍA FERRARI).*
*MÚSICA DE JUAN BAUTISTA DOMINGO REZZANO.*

*M*ientras la luna serena
baña con su luz de plata
como un sollozo de pena
se oye cantar su canción.
La canción dulce y sentida
que todo el barrio escuchaba
cuando el silencio reinaba
en el viejo caserón.

Cuentan que fue la piba de arrabal,
la flor del barrio aquel, que amaba un
payador;
sólo para ella cantó el amor
al pie de su ventanal.
Pero otro amor por aquella mujer
nació en el corazón del taura más mentao,
y un farol, en duelo criollo vio,
bajo su débil luz, morir los dos.
Por eso gime en las noches
de tan silenciosa calma
esa canción que es el broche
de aquel amor que pasó.
De pena, la linda piba
abrió bien anchas sus alas
y con su virtud y sus ganas
hasta el Cielo se voló.

*Con la voz de Charlo y la orquesta de Francisco Canaro, esta pieza resultó tercera en el concurso de la casa Glucksmann de ese año.*

# ESTA NOCHE ME EMBORRACHO
*TANGO*
*1928*
*Letra y música de Enrique Santos Discépolo.*

*S*ola, fané y descangayada,
   la vi esta madrugada
salir de un cabaret.
Flaca, dos cuartas de cogote,
una percha en el escote

bajo la nuez.
Chueca, vestida de pebeta,
teñida y coqueteando
tu desnudez.
Parecía un gallo desplumao
mostrando al compadrear
el cuero picoteao.
Yo, que sé cuando no aguanto más,
al verla así rajé
pa´ no llorar...
¡Y pensar que hace diez años
fue mi locura...!
¡Que llegué hasta la traición
por su hermosura...!
¡Que esto que hoy es un cascajo
fue la dulce metedura
donde yo perdí el honor...!
¡Que, chiflao por su belleza,
le quité el pan a la vieja,
me hice ruin y pechador...!
¡Que quedé sin un amigo...!
¡Que viví de mala fe...!
¡Que me tuvo de rodillas,
sin moral, hecho un mendigo
cuando se fue...!

Nunca soñé que la vería
en un *"requiesca in pache"*
tan cruel como el de hoy.
¡Mire, si no es pa´ suicidarse,
que por este cachivache
sea lo que soy...!
Fiera venganza, la del tiempo,
que nos hace ver deshecho

lo que uno amó.
Este encuentro me ha hecho tanto mal,
que si lo pienso más
termino envenenao...
¡Esta noche me emborracho bien,
me mamo bien mamao
pa´ no pensar!

# MUÑECA BRAVA

*TANGO*
*1928*
*LETRA DE DOMINGO ENRIQUE CADÍCAMO.*
*MÚSICA DE NICOLÁS LUIS VISCA.*

*C*he, madán que parlás en francés
y tirás ventolín a dos manos,
que cenás con champán bien *frappé*
y en el tango enredás tu ilusión...
Sos un biscuit de pestañas muy arqueadas,
Muñeca brava, bien cotizada;
sos del Trianón (del "Trianón" de Villa
Crespo...),
che, vampiresa, juguete de ocasión...

Tenés un camba que te hace gustos
y veinte abriles que son diqueros,
y bien repleto tu monedero
pa´patinarlo de Norte a Sur...
Te baten todos Muñeca brava,
porque a los giles mareás sin grupo...
¡Pa´mí sos siempre la que no supo
guardar un cacho de amor y juventud!

Campaneá que la vida se va
y enfundá tu silueta sin rango;
y si el llanto te viene a buscar,
olvidate, Muñeca, y reí,
meta champán, que la vida se te escapa,
Muñeca brava, flor de pecado...
¡Cuando llegués al final de tu carrera
tus primaveras verás languidecer!

# SEGUÍ MI CONSEJO
### TANGO
### 1928
LETRA DE EDUARDO SALVADOR TRONGÉ.
MÚSICA DE SALVADOR MERICO.

Rechiflate del laburo, no trabajes pa´ los ranas.
Tirate a muerto y vivila como la vive un bacán.
Cuidate del *surmenage*, dejate de hacer macanas.
Dormila en colchón de plumas y morfala con champán.
Atorrá las doce horas cuandoel sol esté a la vista.
Vivila siempre de noche, porque eso es de "gente bien".
Tirale el lente a las minas que ya estén comprometidas,
pa´que te salgan de arriba y no cuesten tovén.

Si vas a los bailes, parate en la puerta,
campaneá las minas que sepan bailar.
No saqués paquetes que dan pisotones,
¡que sufran y aprendan, a fuerza ´e planchar!
Aprendé de mí, que ya estoy jubilado.
No vayas al puerto, te podés tentar:
hay mucho laburo, te rompés el lomo
y no es de hombre pierna ir a trabajar.

No vayas a lecherías a piyar café con leche.
Morfate tus pucheretes en el viejo Tropezón,
y si andás sin medio en encima, cantale *"¡Fiao...!"* a algún mozo
en una forma muy digna, pa´ evitarte un papelón.
Refrescos, limones, chufas: no los tomés ni aun en broma.
Piantale a la leche, hermano, que eso arruina el corazón.
Mandate tus buenas cañas, hacete amigo del whisky
y antes de morfar rociate con unos cuantos pernós.

*Existe una simpática versión registrada por la orquesta de
Francisco Rotundo con la voz de Carlos Roldán, en la que el
cantor utiliza el "vesre", recurso lunfardo que consiste en
invertir las sílabas.*

## ¡SOY UN ARLEQUÍN!
*TANGO*
*1928*
LETRA Y MÚSICA DE ENRIQUE SANTOS DISCÉPOLO.

Soy un arlequín,
un arlequín que salta y baila
para ocultar su corazón lleno de pena.
Me clavó en la cruz
tu folletín de Magdalena,
porque soñé que eras Jesús y te salvaba...
Me engañó tu voz,
tu llorar de arrepentida sin perdón.
Eras mujer... Pensé en mi madre
¡y me clavé!

Viví en tu amor una esperanza,

la inútil ansia de tu salvación.
¡Perdoname si fui bueno!
Si no se más que sufrir...
Si he vivido entre las risas
por quererte redimir.
¡Cuánto dolor que hace reír!

Soy un arlequín,
un arlequín que salta y baila
para ocultar
su corazón lleno de pena.
Me clavó en la cruz
tu folletín de Magdalena,
porque soñé que eras Jesús y te salvaba...
Me engañó tu voz,
tu llorar de arrepentida sin perdón.
Eras mujer... Pensé en mi madre
¡y me clavé!

# AL MUNDO LE FALTA UN TORNILLO

*TANGO*
*(c.1928)*
LETRA DE ENRIQUE DOMINGO CADÍCAMO
MÚSICA DE JOSÉ MARÍA AGUILAR.

Todo el mundo está en la estufa,
triste, amargao, sin garufa,
neurasténico y cortao.
Se acabaron los robustos,
si hasta yo, que daba gusto,
cuatro kilos he bajao.

Hoy no hay guita ni de asalto
y el puchero está tan alto
que hay que usar el trampolín.
¡Si habrá crisis, bronca y hambre,
que el que compra diez de fiambre
hoy se morfa hasta el piolín!

Hoy se vive de prepo
y se duerme apurao,
y la chiva hasta el Cristo
se la han afeitao.
Hoy se lleva a empeñar
al amigo mas fiel;
nadie invita a morfar,
todo el mundo en el riel...

Al mundo le falta un tornillo...
¡Que venga un mecánico,
pa' ver si lo puede arreglar!

¿Qué sucede, mama mía,
se cayó la estantería
o San Pedro abrió el portón?
    La Creación anda a las piñas
    y de puro arrebatiña
    apoliya sin colchón.
    El ladrón es hoy decente
    y a la fuerza se ha hecho gente,
    ya no tiene a quien robar;
    y el honrao se ha vuelto chorro,
    porque en su fiebre de ahorro
    él se afana por guardar.

*Escrito a la manera discepoliana, pero anterior a Cambalache, pinta la queja , sombría y risueña, de un poeta comprometido con su mundo. Nacido del encuentro en París entre el guitarrista de Gardel y el poeta, crítico y periodista.*

# ALMA DE BOHEMIO

*TANGO*
*(C.1928)*
*LETRA DE JUAN ANDRÉS CARUSO*
*MÚSICA DE ROBERTO FIRPO*

*P*eregrino y soñador
cantar
quiero mi fantasía
y la loca poesía
que hay en mi corazón
a hablar,
me voy conlas estrelas
y las cosas mas bellas
despierto se soñar,

siempre sentí
la dulce ilusión
de estar viviendo
mi pasión.
Yo busco en los ojos celestes
y en renegridas cabelleras
pasiones sinceras,
dulce emoción.
Y mi pobre vida errante,

lleno de ilusión,
dar todo
mi corazón.

*Escrita catorce años después de apuntada la música. Interpretada por Di Sarli con la voz de Rufino nunca fue grabado, siendo éxito posteriormente por Alberto Podestá, también cantor de Di sarli, pero con las orquestas de Pedro Laurenz y Francini-Pontier.*

## LA VIOLETA

*TANGO*
*1929*
LETRA DE NICOLÁS OLIVARI.
MÚSICA DE CÁTULO CASTILLO. (OVIDIO CÁTULO GONZÁLEZ CASTILLO).

*C*on el codo en la mesa mugrienta
y la vista clavada en el suelo,
piensa el tano Domingo Polenta
en el drama de su inmigración.
Y en la sucia cantina que canta
la nostalgia del *viejo paese*,
desafina su ronca garganta
ya curtida de vino carlón.
*E la Violeta la va, la va, la va, la va;*
la va sul campo que lei si soñaba
que l´era il suo yinyín que guardándola estaba...
Él también busca su soñado bien
desde aquel día, tan lejano ya,
que con su carga de ilusión saliera
como la Violeta, *que la va, la va...*

Canzoneta del pago lejano
que idealiza la sucia taberna
y que brilla en los ojos del tano
con la perla de algún lagrimón...
La aprendió cuando vino con otros
encerrado en la panza de un buque,
y es con ella que, haciendo batuque,
se consuela su desilusión.

*Destacado autor teatral convertido en éste caso en poeta del tango, Olivari fue además, lírico y ensayista. Sobre éste se supone, se constituyó el tango "Canzoneta".*

## ¡CÓMO SE PIANTA LA VIDA!

*TANGO*
*1929*
*LETRA Y MÚSICA DE CARLOS VIVÁN.*

*B*erretines locos de muchacho rana
me arrastraron ciego en mi juventud,
en milongas, timbas y en otras macanas
donde fui palmando toda mi salud.
Mi copa bohemia de rubia champaña
brindando amoríos borracho la alcé.
Mi vida fue un barco cargado de hazañas
que junto a las playas del mal lo encallé.

¡Cómo se pianta la vida!
¡Cómo rezongan los años
cuando fieros desengaños
nos van abriendo una herida!

Es triste la primavera
si se vive desteñida...
¡Cómo se pianta la vida
del muchacho calavera!

Los veinte abriles cantaron un día
la milonga triste de mi berretín
y en la contradanza de esa algarabía
al trompo de mi alma le faltó piolín.
Hoy estoy pagando aquellas ranadas,
final de los vivos que siempre se da.
Me encuentro sin chance en esta jugada...
La muerte sin grupo ha entrado ha tallar...

*Notable versión del Polaco Goyeneche con Anibal Troilo*

# DE TODO TE OLVIDAS

(CABEZA DE NOVIA)
TANGO
1929
LETRA DE DOMINGO ENRIQUE CADÍCAMO.
MÚSICA DE SALVADOR MERICO.

*D*e un tiempo a esta parte, muchacha, te noto
más pálida y triste; decí, ¿qué tenés?
tu carita tiene el blancor del loto
y yo, francamente, chiquita, no sé...
¿Qué pena te embarga, por qué ya no ríes
con ese derroche de plata y cristal...?
Tu boquita, donde sangraron rubíes,
hoy muestra una mueca trasuntando el mal.

El piano está mudo;
tus ágiles manos
no arrancan el tema
del tango tristón...
A veces te encuentro
un poco amargada,
llorando, encerrada
en tu habitación;
y he visto, extrañado,
que muy a menudo
de todo te olvidas,
cabeza de novia
nimbada de amor...

¿Qué es lo que te pasa? Cuéntame, te ruego
que me confidencies tu preocupación...
¿Acaso tu  pena es la que Carriego,
rimando cuartetas, a todos contó?
¡De todo te olvidas, cabeza de novia,
pensando en el chico que en tu corazón
dejó con tus besos sus credos amantes
como un ofertorio de dulce pasión...!

*Primer premio del 6to. concurso de la casa Max Glucksmann.
Interpretado por la orquesta de Roberto Firpo con la voz de
Teófilo Ibáñez.*

# LA CASITA DE MIS VIEJOS

*TANGO*
*1929*
*LETRA DE DOMINGO ENRIQUE CADÍCAMO.*
*MÚSICA DE JUAN CARLOS COBIÁN.*

*B*arrio tranquilo de mi ayer,
en un triste atardecer
a tu esquina vuelvo viejo...
Vuelvo más viejo,
los años me han cambiado
y en mi cabeza un poco 'e plata
me ha dejado.
Yo fui viajero del dolor;
y en mi andar de soñador
comprendí mi mal de vida,
pues cada beso lo borré con una copa...
¡Las mujeres son siempre.
las que matan la ilusión!

Vuelvo vencido a la casita de mis viejos,
cada cosa es un recuerdo que se agita en mi
memoria...
Mis veinte abriles me llevaron lejos;
locuras juveniles, la falta de consejos...
Hay en la casa un hondo y cruel silencio
huraño,
y al golpear como un extraño, me recibe el
viejo
criado...
¡Habré cambiado totalmente, que el anciano por la
voz
tan solo me reconoció!

Sólo a mi madre la encontré;
de la puerta la llamé
y me miró con esos ojos...
Con esos ojos
nublados por el llanto,
como diciéndome
*"¿Por qué tardaste tanto...?"*
Ya nunca más he de partir,
y ha su lado he de sentir
el calor de esta otra vida...
¡Sólo una madre nos perdona en este mundo;
es la única verdad,
es mentira lo demás...!

*La letra alude a la casa cita en Moreno 310 de la ciudad
de Bahía Blanca, lugar donde el autor pasara su infancia.
Estrenado por la cantante brasileña Italia Ferreira, con
el acompañamiento de Cobián en piano.*

## LA PULPERA DE SANTA LUCÍA

*VALS*
*1929*
LETRA DE HÉCTOR PEDRO BLOMBERG.
MÚSICA DE ENRIQUE MACIEL.

*E*ra rubia y sus ojos celestes
reflejaban la gloria del día,
y cantaba como una calandria
la pulpera de Santa Lucía.
Era flor de la vieja parroquia
¿quién fue el gaucho que no la quería?

Los soldados de cuatro cuarteles
suspiraban en la pulpería.

Le cantó el payador mazorquero
con un dulce gemir de vihuelas
en la reja que olía a jazmines,
en el patio, que olía a diamelas:
-*Con el alma te quiero, pulpera,*
y algún día tendrás que ser mía,
mientras lloran por ti las guitarras,
las guitarras de Santa Lucía...

La llevó un payador de Lavalle
cuando el año cuarenta moría,
ya no alumbran sus ojos celestes
la parroquia de Santa Lucía.
No volvieron los trompas de Rosas
a cantarle vidalas y cielos,
y en el patio de la pulpería
los jazmines lloraban de celos.

Y volvió el payador mazorquero
a cantar en el patio vacío
la doliente y postrer serenata
que llevábase el viento del río:
-*¿Dónde estás con tus ojos celestes,*
oh, pulpera que no fuiste mía...?
¡Cómo lloran por ti las guitarras,
las guitarras de Santa Lucía...!

*Como casi todos sus tangos, este también vino antecedido de una novela homónima. Estrenado por Ignacio Corsini en las celebradas tertulias nocturnas de Radio Nacional, del cual era una de sus espadas, en abril de 1929. Nunca pudieron*

confirmarse seriamente, los antecedentes de la famosa pulpera, aunque sí, la existencia del local, sito sobre las barrancas del actual *Parque Lezama*, que en sus cercanías tenía una iglesia consagrada a la veneración de esa Santa.

# LA URUGUAYITA LUCÍA

*TANGO*
*1929*
LETRA DE DANIEL DEL URDE ROSAS LÓPEZ BARRETO.
MÚSICA DE EDUARDO GREGORIO PEREYRA (EL CHON).

*C*abellos negros, los ojos
azules, muy rojos
los labios tenía
la uruguayita Lucía,
la flor del pago ´e Florida.
Hasta los gauchos más fieros,
eternos matreros,
más mansos se hacían.
Sus ojazos parecían
azul del cielo al mirar.

Ningún gaucho jamás pudo alcanzar
el corazón de Lucía,
hasta que al pago llegó un día
un gaucho que nadie conocía.
Buen payador y buen mozo,
cantó con voz lastimera;
el gaucho le pidió el corazón,
ella le dio su alma entera...

Fueron felices sus amores,
jamás los sinsabores
interrumpió el idilio.
Juntas soñaron sus almitas
cual tiernas palomitas
en un rincón del nido.
Cuando se quema el horizonte
se escucha tras el monte
como un suave murmullo:
canta la tierna y fiel pareja;
de amores son sus quejas,
suspiros de pasión...

Pero la Patria lo llama,
a su hijo reclama
y lo entrega a la gloria.
Junto al clarín de victoria
también se escucha una queja:
es que tronchó Lavalleja
a la dulce pareja,
el idilio de un día...
¡Hoy ya no canta Lucía,
su payador no volvió...!

*Este tango fue compuesto primeramente sin letra, llamándose*
*"Gloria". Posteriormente "Cuna de los Bravos Treinta y Tres".*

# MALEVAJE

*TANGO*
*1929*
*Letra de Enrique Santos Discépolo.*
*Música de Juan De Dios Filiberto.*

Decí, por Dios, qué me has dao
que estoy tan cambiao,
no sé más quién soy...!
El malevaje, extrañao,
me mira sin comprender.
Me ve perdiendo el cartel
de guapo, que ayer
brillaba en la acción.
¡No ves que estoy embretao,
vencido y maniao
en tu corazón...!

Te vi pasar, tangueando altanera,
con un compás tan hondo y sensual
que no fue más que verte y perder
la fe, el coraje y el ansia e´ guapear...
No me has dejao ni el pucho en la oreja
de aquel pasao malevo y feroz.
¡Ya no me falta, pa´ completar,
más que ir a misa e hincarme a rezar...!
Ayer, de miedo a matar,
en vez de pelear
me puse a correr...
Me vi a la sombra o finao...
Pensé en no verte y temblé...
¡Si yo, que nunca aflojé,
de noche angustiao
me encierro a llorar...!
¡Decí, por Dios, qué me has dao

que estoy tan cambiao,
no sé más quién soy...!

*Un encuentro que marca el final de una amistad: Filiberto
nunca gustó de esta letra, alejándose de Discepolín.*

## PALOMITA BLANCA

VALS
1929
LETRA DE FRANCISCO GARCÍA JIMÉNEZ.
MÚSICA DE ANSELMO ALFREDO AIETA.

*S*u ausencia esta congoja me dio,
    y a veces su recuerdo es un bien
que pronto se me ahoga en dolor;
y nada me consuela
de ir siempre más lejos, de verme sin ella...
¡Mi paso va adelante y atrás el corazón...!
El rumbo que me aleja, tan cruel,
me roba sus caricias de amor
y sólo el pensamiento la ve,
la escucha embelesao;
la besa con ansias, la siente a mi lado...
¡Y voy así, soñando, más lejos cada vez...!

Blanca palomita, que pasas volando
rumbo a la casita donde está mi amor...
Palomita blanca, para el triste ausente
sos como una carta de recordación...
Si la ves a la que adoro
sin decir que lloro

dale alguna idea
de lo muy amargo
que es vivir sin ella,
que es perder
su amante calor...
Sigan adelante, pingos de mi tropa,
que de un viento errante somos nubarrón
y en un mal de ausencia se nos va la vida
rumbo a la querencia, dándole el adiós...
Palomita blanca,
vuela noche y día
de mi nido en busca
y escribí en el cielo
con sereno vuelo:
No te olvida nunca,
sólo piensa en vos...

No sabe aquel que nunca dejó
su amada a la distancia, el pesar
que al alma impone un duro rigor
que viene de ladero,
que a ratos la nombra midiendo el sendero...
¡Mirando allá en la sombra los pago que dejó...!
La he visto entre mis brazos llorar,
la he visto al darme vuelta al partir,
su tibio pañuelito agitar
y luego irse achicando su imagen lejana,
y en mi alma agrandando su encanto...
¡Y esta pena enorme de no tenerla más...!

# SOLO SE QUIERE UNA VEZ

*TANGO*
*1929*
*LETRA DE CLAUDIO FROLO.*
*MÚSICA DE CARLOS V.G. FLORES.*

*L*a lluvia de aquella tarde
   nos acerco unos momentos...
pasabas... me saludaste,
y no te reconocí...
En el hall de un gran cinema
nos cobijamos del agua,
y entonces vi con sorpresa
tu envejecido perfil.

Al verte los zapatos tan aburridos
y aquel precioso traje que fue marrón,
las flores del sombrero envejecidas
y el zorro avergonzado de su color...
no quise creer que fueras la misma de antes
la rubia de la tienda "La Parisiene"
mi novia más querida cuando estudiante
que incrédula decía los versos de Rubén.
"... Juventud, divino tesoro
te fuiste para no volver
cuando quiero llorar no lloro
y a veces lloro sin querer..."

Resuelto corrí a tu lado
dándome cuenta de todo,
quería besar tus manos...
reconquistar tu querer...
Comprendiste mi tortura
y te alejaste sonriendo...

¡fue tu lección tan profunda!...
Sólo se quiere una vez!

# ALMAGRO

*TANGO*
*1930*
*LETRA DE VICENTE SAN LORENZO (VICENTE RONCA).*
*MÚSICA DE A. TIMARNI (SEUDÓNIMO DE ANTONIO POLITO) .*

*C*ómo recuerdo, barrio querido,
aquellos tiempos de mi niñez...!
Eres el sitio donde he nacido
y eres la cuna de mi honradez.
Barrio del alma, fue por tus calles
donde he gozado mi juventud...
Noches de amor viví,
con tierno afán soñé
y entre tus flores
también lloré...
¡Qué triste es recordar,
me duele el corazón...!
¡Almagro mío,
qué enfermo estoy...!

¡Almagro, Almagro de mi vida,
tú fuiste el alma de mis sueños!
¡Cuántas noches de luna y de fe
a tu amparo yo supe querer!
¡Almagro, gloria de los guapos,
lugar de idilios y poesía!

¡Mi cabeza la nieve cubrió,
ya se fue mi alegría
como un rayo de sol!

El tiempo ingrato dobló mi espalda
y a mi sonrisa le dio frialdad;
ya soy un viejo, soy una carga,
con muchas dudas y soledad...
¡Almagro mío, todo ha pasado;
quedan cenizas de lo que fue...!
Amante espiritual
de tu querer sin fin,
donde he nacido
he de morir...
Almagro, dulce hogar,
te dejo el corazón
como un recuerdo
de mi pasión...

*Disgustado, Antonio Polito no quizo suscribir la música que acompaña en estos versos. Decía que "no sólo en Almagro hay guapos. Que firme el carnicero de la esquina". Y eso hizo.*

# CANCHERO

*TANGO*
*1930*
Letra de Celedonio Esteban Flores.
Música de Arturo Vicente de Bassi.

*P*ara el récord de mi vida sos una fácil carrera
        que yo me atrevo a ganarte sin emoción ni final.
Te lo bato pa´ que entiendas en esta jerga burrera,
que vos sos una potranca para una penca cuadrera
y yo, che vieja, ya he sido relojeao pa´l Nacional.
Vos sabés que de purrete tuve pinta de ligero;
era audaz, tenía clase, era guapo y seguidor
Por la sangre de mis viejos salí bastante barrero,
y en esas biabas de barrio figuré siempre primero,
ganando muchos finales a fuerza de corazón.

El cariño de una mina, que me llevaba doblao
en malicia y experiencia, me sacó de perdedor;
pero cuando estuve en peso y a la monta acostumbrado,
que te bata la percanta el juego que se le dio...
Ya después, en la carpeta empecé a probar fortuna;
y muchas veces la suerte me fue amistosa y cordial,
y otras noches salí seco a chamuyar con la luna
por las calles solitarias del sensible arrabal.

Me hice de aguante en la timba y corrido en la milonga,
desconfiao en la carpeta, lo mismo que en el amor.
Yo he visto venirse al suelo, sin que nadie lo disponga,
cien castillos de ilusiones por una causa mistonga,
y he visto llorar a guapos por mujeres como vos.

Ya ves, que por ese lado vas muerta con tu espamento...
Yo no quiero amor de besos, yo quiero amor de amistad.

Nada de palabras dulces, nada de mimos ni cuentos:
yo quiero una compañera pa´batirle lo que siento
y una mujer que aconseje con criterio y con bondad.

# CLAVEL DEL AIRE

*TANGO*
*1930*
**Letra de Fernán Silva Valdés (Fernando Silva Valdés).**
**Música de Juan de Dios Filiberto.**

Como el clavel del aire,
    así era ella,
igual que la flor
prendida en mi corazón...
¡Oh, cuánto lloré
porque me dejó...!
Como el clavel del aire,
así era ella,
igual que la flor.
En esta región,
igual que un ombú
solito y sin flor,
¡así era yo!
Y presa del dolor
los años viví,
igual que un ombú
en esta región.

Y mi ramazón
secándose iba
cuando ella una tarde

mi sombra buscó.
Un ave cantó
en mi ramazón
y el árbol sin flores
tuvo su flor.

Más, un feliz viajero,
¡viajero maldito!,
el pago cruzó.
En brazos de él se me fue,
y yo me quedé
de nuevo sin flor.
¡El que cruzó fue el viento,
el viento Pampero
que se la llevó...!

*Fruto de la imaginación de un conocido poeta lírico uruguayo,
conquistado de esta manera para la letrística tanguera.*

# CONFESIÓN
*TANGO*
*1930*
*LETRA DE ENRIQUE SANTOS DISCÉPOLO Y LUIS CÉSAR AMADORI.*
*MÚSICA DE ENRIQUE SANTOS DISCÉPOLO.*

*F*ue a conciencia pura que perdí tu amor,
nada más que por salvarte.
Hoy me odiás y yo, feliz,
me arrincono pa ' llorarte.
El recuerdo que tendrás de mí
será horroroso;
me verás siempre golpeándote,

como un malvao.
¡Y si supieras bien qué generoso
fue que pagase así tu gran amor...!

¡Sol de mi vida,
fui un fracasao;
y en mi caída
busqué dejarte a un lao,
porque te quise tanto,
tanto que, al rodar,
para salvarte sólo supe
hacerme odiar...!

Hoy, después de un año atroz,
te vi pasar.
¡Me mordí pa´ no llamarte!
Ibas linda como un sol,
se paraban pa´ mirarte...
Yo no sé si el que te tiene así
se lo merece;
Sólo sé que en la miseria cruel que te ofrecí
me justifica el verte hecha una reina,
que vivirás mejor lejos de mí.

# EN BLANCO Y NEGRO

*A VECES LLAMADA MILONGA EN BLANCO Y NEGRO.*
*MILONGA*
*1930*
*LETRA DE FERNÁN SILVA VALDÉS (FERNANDO SILVA VALDÉS).*
*MÚSICA DE NÉSTOR FERIA (NÉSTOR ACOSTA FERIA).*

Tuve tropilla de un pelo,
yo también como el mejor...
¡Yo también como el mejor!
Tropilla de pelo oscuro,
mesmito como el dolor;
oscura como mis penas,
oscura como mi suerte...
En el pago la llamaban
"La Tropilla de la Muerte".

Cuatro pingos todos negros,
justo como pa´ un entierro;
cuatro pingos todos negros,
como pa´ cinchar un muerto...

Más todos en su negrura
tenían su pinta clara,
como una estrella en la noche,
como el lucero en el alba.

Uno tenía el pico blanco;
otro, la mano vendada;
otro, una estrella en la frente,
como manchao de esperanza;
otro, con un lunarejo
mesmo en el medio del anca,
como llevando pa´ siempre
enancada una Luz Mala.

¡Vos, china, sos negra del alma!
¡Negra, como mis caballos!
¡Bien oscurita por dentro
y con el cuerpo bien blanco!
¡Blanco tu cuerpo, y oscura
como mis pingos tu alma!
¡Parecés de mi tropilla,
perdoná la comparancia!

# ENFUNDÁ LA MANDOLINA

*TANGO*
*1930*
LETRA DE JOSÉ MARÍA HORACIO ZUBIRÍA MANSILLA.
MÚSICA DE FRANCISCO NICOLÁS PRACÁNICO.

*S*osegate, que ya es tiempo de archivar tus ilusiones;
    Dedicate a balconearla, que pa´ vos ya se acabó
y es muy triste eso de verte esperando a la fulana
con la pinta de un mateo desalquilao y tristón.
¡No hay qué hacerle, ya estás viejo, se acabaron los programas
y hacés gracia con tus locos berretines de gavión!
Ni te miran las muchachas, y si alguna te da labia
es pa´ pedirte un consejo de baqueano en el amor.

¡Que querés, Cipriano, ya no das más jugo!
Son cincuenta abriles que encima llevás...
Junto con el pelo, que fugó del mate,
se te fue la pinta, que no vuelve más.
Dejá las pebetas para los muchachos,
esos platos fuertes no son para vos.
Piantá del sereno; andate a la cama,

que después mañana andás con la tos...

*-Enfundá la mandolina, ya no estás pa´ serenatas,*
te aconseja la minusa que tenés en el bulín,
dibujándote en la boca la atrevida cruz pagana
con la punta perfumada de su lápiz de carmín.
Han caído tus acciones en la rueda de grisetas
y al compás del almanaque se deshoja tu ilusión,
y ya todo se convida pa´ ganar cuartel de invierno
junto al fuego del recuerdo, a la sombra de un rincón.

# JUSTO EL TREINTA Y UNO

TANGO
1930
LETRA DE ENRIQUE SANTOS DISCÉPOLO Y RAY RADA
(RAIMUNDO FÉLIX RADAELLI BERNASCONI).
MÚSICA DE ENRIQUE SANTOS DISCÉPOLO.

Hace cinco días,
loco de contento,
vivo en movimiento
como un carrusel.
¡Ella, que pensaba
amurarme el uno,
justo el treinta y uno
yo la madrugué!
Me contó un vecino
que la inglesa loca,
cuando vio la pieza
sin un alfiler,
se morfó la soga

de colgar la ropa,
que fue en el apuro
lo que me olvidé.

*(Recitado)*
*¡Si se ahorca no me paga*
*las que yo pasé!*

Era un mono loco
que encontré en un árbol
una noche de hambre
que me vio pasar.
Me tiró un coquito
y yo, que soy chicato,
me ensarté al oscuro
y la llevé al bulín.
Sé que entré a la pieza
y encendí la vela...
Sé que me di vuelta
para verla bien...
¡Era tan fulera
que la vi y di un grito!
Lo demás fue un sueño;
yo me desmayé...

La aguanté de pena
casi cuatro meses,
entre la cachada
de todo el café.
Le tiraban nueces
mientras me gritaban:
-*¡Ahí va Sarrasani*
con el chimpancé...!
Gracias a que el Zurdo,

que es tipo derecho,
le regó el helecho
cuando se iba a alzar,
y la redoblona
de amurarme el uno,
¡justo el treinta y uno
se la fui a cortar!

*Uno de los pocos casos que Discépolo comparte la autoría
de la letra. Fue estrenado por Tania en Montevideo.*

# LA QUE MURIÓ EN PARÍS

*TANGO*
*1930*
LETRA DE HÉCTOR PEDRO BLOMBERG.
MÚSICA DE ENRIQUE MACIEL.

Yo sé que aún te acuerdas del barrio perdido,
de aquel Buenos Aires que nos vio partir,
que en tus labios fríos aún tiemblan los tangos
que en París cantabas antes de morir...
La lluvia de otoño mojó los castaños,
pero ya no estabas en el bulevar...
Muchachita criolla de los ojos negros,
tus labios dormidos ya no han de cantar...

Siempre te están esperando,
allá en el barrio feliz;
pero siempre está nevando
sobre tu sueño en París.

¡Muchacha, cómo tosías
aquel invierno al llegar...!
Como un tango te morías
en el frío bulevar.

Envuelta en mi poncho temblabas de frío
mirando la nieve caer sin cesar;
buscabas mis manos, cantando en tu fiebre
el tango que siempre me hacía llorar.
Me hablabas del barrio que ya no verías,
de nuestros amores y de un Carnaval;
y yo te miraba... París y la nieve
te estaban matando, flor de mi arrabal...

Así una noche te fuiste
por el frío bulevar,
como un tango viejo y triste
que ya nadie ha de cantar.
Siempre te están esperando
allá en el barrio feliz,
pero siempre está nevando
sobre tu sueño en París.

*Originalmente, para un libro, fue VERSOS A LA QUE MURIÓ
EN PARÍS. Grabada por Ignacio Corsini "El Caballero Cantor"
nacido en Italia.
Ver Biografía H. P. Blomberg.*

# LA VIAJERA PERDIDA

*TANGO*
*1930*
*LETRA DE HÉCTOR PEDRO BLOMBERG.*
*MÚSICA DE ENRIQUE MACIEL.*

*V*estida de blanco, sentada en el puente,
leía novelas y versos de amor
o, si no, miraba la espuma que hirviente
cantaba en la estela del viejo vapor.

En noches serenas, soñando a mi lado,
mareados de luna y ensueños los dos,
sus ojos miraban el cielo estrellado
pensando en el puerto del último adiós.

Pasajera rubia de un viaje lejano
que un día embarcaste en un puerto gris,
¿por qué nos quisimos, cruzando el océano?
¿Por qué te quedaste en aquel país?

Aún guardo la vieja novela que un día
dejaste olvidada sobre mi sillón.
Escrito en la tapa tu nombre,"María",
después una fecha y un puerto, "Tolón".

¿Aún vives y sueñas? Quizás hayas muerto,
pero en mi nostalgia romántica y gris,
espero encontrarte soñando, en un puerto,
bajo el claro cielo de un dulce país.

Te amaba y te fuiste. Seguía el navío
por mares de brumas y puertos de sol.
Tu sombra lejana quedó al lado mío:

un sueño de Francia y un verso español.

Pasajera rubia, viajera perdida,
que un día en un puerto lejano se fue
dejando una extraña nostalgia en mi vida:
acaso ni sabes que yo te lloré.

Me da su perfume tu blanco pañuelo,
tu nombre, María, me da su canción;
reflejan tus ojos la luz de otro cielo.
Te llevo en el barco de mi corazón.

*Ver Biografía H. P. Blomberg.*

## PADRINO PELAO
*TANGO*
*1930*
LETRA DE JULIO ALBERTO CANTUARIAS.
MÚSICA DE ENRIQUE PEDRO DELFINO.

*S*araca, muchachos...! ¡Dequera, un casorio...!
    ¡Uy, Dio, qué de minas...! ¡Está todo alfombrao...!
Y aquellos pebetes, gorriones del barrio,
acuden gritando *"¡Padrino pelao!"*
El barrio alborotan con su algarabía,
y allí, en la vereda, se ve entre el montón
el rostro marchito de alguna pebeta
que ya para siempre perdió la ilusión.

Y así, por lo bajo, las viejas del barrio
comentan la cosa con admiración:
-¿*Ha visto, señora...? ¡Qué poca vergüenza!*
¡Vestirse de blanco, después que ha pecao!

Y un tano cabrero rezonga en la puerta,
porque a un compadrito manyó el estofao:
-*¡Aquí, en esta casa, osté nom me dentra;*
me sun dado cuenta que osté es un colao...!

¡Saraca, muchachos...! ¡Gritemos más fuerte...!
¡Uy, Dio, qué amarrete...! ¡Ni un cobre ha tirao...!
¡Qué bronca, muchachos, se hizo el otario...!
¡Gritemos, Pulguita: *"Padrino pelao..."*!
Y aquella pebeta que está en la vereda
contempla con pena la novia pasar;
se llena de angustia su alma marchita
pensando que nunca tendrá el blanco ajuar.

*En ciertas partituras figura también con el subtítulo "El Casorio".*

# VICTORIA
*TANGO*
*1930*
LETRA Y MÚSICA DE ENRIQUE SANTOS DISCÉPOLO.

*V*ictoria,
saraca, Victoria;
pianté de la noria,
se fue mi mujer!

Si me parece mentira...
¡Después de seis años
volver a vivir!
Volver a ver mis amigos...
Vivir con mama otra vez...

*¡Victoria,*
cantemos victoria;
yo estoy en la gloria,
se fue mi mujer!

Me saltaron los tapones
cuando tuve esta mañana
la alegría de no verla más;
y es que, al ver que no la tengo,
corro, salto, voy y vengo
desatentao. ¡Gracias a Dios,
que me salvé de andar
toda la vida atao
llevando el bacalao
de la emulsión de Scott!
Si no nace el marinero
que me tire esa piolita
para hacerme resollar,
yo ya estaba condenao
a morir crucificao
como el último infeliz...

*¡Victoria,*
saraca, Victoria;
pianté de la noria,
se fue mi mujer!

Me da tristeza el panete,
chicato inocente
que se la llevó...
¡Cuando desate el paquete
y manyé que se ensartó...!

*¡Victoria,*
cantemos victoria;
yo estoy en la gloria,
se fue mi mujer!

# YIRA, YIRA

*TANGO*
*1930*
LETRA Y MÚSICA DE ENRIQUE SANTOS DISCÉPOLO.

*C*uando la suerte, que es grela,
    fallando y fallando
te largue parao...
Cuando estés bien en la vía,
sin rumbo, desesperao...
Cuando no tengas ni fe,
ni yerba de ayer
secándose al sol...
Cuando rajés los tamangos
buscando ese mango
que te haga morfar...
La indiferencia del mundo
que es sordo y es mudo
recién sentirás.

Verás que todo es mentira,
verás que nada es amor...
Que al mundo nada le importa...
Yira... Yira...
Aunque te quiebre la vida,
aunque te muerda un dolor,

no esperes nunca una ayuda,
ni una mano, ni un favor...

Cuando estén secas las pilas
de todos los timbres
que vos apretás,
buscando un pecho fraterno
para morir abrazao...
Cuando te dejen tirao
después de cinchar,
lo mismo que a mí...
Cuando manyés que a tu lado
se prueban la ropa
que vas a dejar...
¡Te acordarás de este otario
que un día, cansado,
se puso a ladrar!

*En dichos del mismo Discépolo en su programa radial "Así Nacieron los Tangos", esta obra tiene como antecedente otra titulada "En el Cepo" que no trascendió, y describe la desesperanza de un hombre común y mediocre, según la nomenclatura que hiciera José Ingenieros, en su recordado libro "El Hombre Mediocre" y desarrollado posteriormente en "La Simulación en la Lucha por la Vida" exponente cabal del positivismo filosófico de principios de siglo, trocado en profundo nihilismo al ifdeario Discepoliano.*

# ACQUAFORTE

*TANGO*
*1931*
LETRA DE JUAN CARLOS MARAMBIO CATÁN.
MÚSICA DE HORACIO PETTOROSSI (HORACIO GEMIGNANI PETTOROSSI).

*E*s medianoche, el cabaret despierta;
muchas mujeres, flores y champán...
Va a comenzar la eterna y triste fiesta
de los que viven al ritmo de un gotán.
Cuarenta años de vida me encadenan;
blanca la testa, viejo el corazón...
Hoy puedo ya mirar con mucha pena
lo que en otros tiempos miré con ilusión.

Las pobres milongas,
dopadas de besos,
me miran extrañas,
con curiosidad.
Ya no me conocen,
estoy solo y viejo,
no hay luz en mis ojos,
la vida se va...

Un viejo verde, que gasta su dinero
emborrachando a Lulú con su champán,
hoy le negó el aumento a un pobre obrero
que le pidió un pedazo más de pan.
Y aquella pobre mujer que vende flores
y fue en mi tiempo la "Reina de Montmartre",
me ofrece con sonrisa unas violetas
para que alegren, tal vez, mi soledad.

Y pienso en la vida,
las madres que sufren,

los chicos que vagan
sin techo y sin pan,
vendiendo *La Prensa*,
ganando dos guitas...
¡Qué triste es todo esto,
quisiera llorar...!

*Compuesto previamente solo instrumental por H. Petorossi en el 28.*

## COMO ABRAZAO A UN RENCOR

*TANGO*
*1931*
LETRA DE ANTONIO MIGUEL PODESTÁ.
MÚSICA DE RAFAEL ROSSI (RAFAEL ROSSA).

*(Recitado)*
*"¡Está listo...!", sentenciaron las comadres;*
*y el varón, ya difunto en el presagio,*
*en el último momento de su pobre vida rea,*
*dejó al mundo el testamento de estas amargas palabras,*
*piantadas de su rencor...*

*E*sta noche para siempre terminaron mis hazañas,
un chamuyo misterioso me acorrala el corazón.
Alguien chaira en los rincones el rigor de una guadaña
y anda un algo cerca ´el catre, olfateándome el cajón.
Los recuerdos más fuleros me destrozan la zabeca,
una infancia sin juguetes y un pasado sin honor,
el dolor de unas cadenas, que aún me queman las
muñecas,
y una mina que arrodilla mis arrestos de varón...
Yo quiero morir conmigo,

sin confesión y sin Dios.
Crucificao en mis penas,
como abrazao a un rencor...
Nada le debo a la vida,
nada le debo al amor;
aquélla me dio amarguras
y el amor, una traición.

Yo no quiero la comedia de las lágrimas sinceras,
ni palabras de consuelo, ni ando en busca de un perdón;
no pretendo sacramentos, ni palabras funebreras:
me le entrego mansamente, como me entregué al botón.
Sólo a usted, mama lejana, si viviese le daría
el consuelo de encenderle cuatro velas a mi adiós,
de volcar todo su pecho sobre mi hereje agonía,
de llorar sobre mis manos y pedirme el corazón...

# EL AGUACERO

*TANGO*
*1931*
**LETRA DE JOSÉ GONZÁLEZ CASTILLO.**
**MÚSICA DE CÁTULO CASTILLO (OVIDIO CÁTULO GONZÁLEZ CASTILLO).**

Como si fuera renegando del Destino
de trenzar leguas y leguas sobre la triste extensión,
va la carreta rechinando en el camino
que parece abrirse al paso de su blanco cascarón.

Cuando chilla la osamenta,
señal que viene tormenta...
Un soplo fresco va rizando los potreros

y hacen bulla los horneros
anunciando el chaparrón.

Y la pampa es un verde pañuelo,
colgado del cielo,
tendido en el sol.
Como a veces se muestra la vida,
sin sombras ni heridas,
sin pena ni amor.

El viento de la cañada
trae gusto a tierra mojada...
Y en el canto del viejo boyero
parece el pampero
soplar su dolor.

Se ha desatado de repente la tormenta
y es la lluvia una cortina tendida en la inmensidad,
mientras los bueyes en la senda polvorienta
dan soplidos de contento, como con ganas de andar.

Bien haiga el canto del tero
que saluda al aguacero...
Ya no es tan triste la tristeza del camino
y en el pértigo el boyero
tiene ganas de cantar.

*¡Langalay!* ¡Viejo buey,
lomo overo,
callado aparcero de un mismo penar!
Igual yugo nos ata al camino,
pesado destino de andar y de andar...

¡A dónde irás buey overo,

que no te siga el boyero...!
Y la pampa es un verde pañuelo,
colgado del cielo,
que quiere llorar.

# TOMO Y OBLIGO

*TANGO*
*1931*
*LETRA DE MANUEL ROMERO.*
*MÚSICA DE CARLOS GARDEL.*

*T*omo y obligo; mándese un trago,
que hoy necesito el recuerdo matar...
¡Sin un amigo, lejos del pago,
quiero en su pecho mi pena volcar!
Beba conmigo, y si se empaña
de vez en cuando mi voz al cantar,
no es que la llore porque me engaña,
yo sé que un hombre no debe llorar...

Si los pastos conversaran, esta Pampa le diría
con qué fiebre la quería, de que modo la adoré...
¡Cuántas veces de rodillas, tembloroso, yo me he hincado
bajo el árbol deshojado donde un día la besé...!
Y hoy, al verla envilecida, a otros brazos entregada,
fue pa´mi una puñalada, y de celos me cegué...
Y le juró: ¡Todavía no consigo convencerme,
cómo pude contenerme y ahí no más no la maté!

Tomo y obligo; mándese un trago,
de las mujeres mejor no hay que hablar.
Todas, amigo, dan muy mal pago

y hoy mi experiencia se lo puede afirmar.
Siga un consejo: no se enamore...
Y si una vuelta le toca hocicar,
¡Fuerza, canejo! ¡Sufra y no llore,
que un hombre macho no debe llorar!

## ANCLAO EN PARIS

*TANGO*
*(C.1931)*
*LETRA DE DOMINGO ENRIQUE CADÍCAMO.*
*MÚSICA DE GUILLERMO DESIDERIO BARBIERI.*

*T*irado por la vida de errante bohemio
estoy, Buenos Aires, anclao en París.
Curtido de males, bandeado de apremios,
te evoco desde este lejano país.
Contemplo la nieve que cae blandamente
desde mi ventana que da al bulevar.
Las luces rojizas, con tonos murientes,
parecen pupilas de extraño mirar,,,

¡Lejano buenos Aires, que linda has de estar...!
Ya van para diez años
que me viste zarpar.
Aquí, en este Montmartre,
faubourg sentimental,
yo siento que el recuerdo
me clava su puñal...
¡Cómo habrá cambiado tu calle Corrientes,
Suipacha, Esmeralda, tu mismo arrrabal...!
Alguien me ha contado que está floreciente
y un juego de calles se da en diagonal...

¡No sabés las ganas que tengo de verte!
Aquí estoy parado, sin plata y sin fe...
¡Quién sabe una noche me encane la Muerte
y chau, Buenos Aires, no te vuelvo a ver...!

# CARILLON DE LA MERCED

*TANGO*
*(c.1931)*
*Letra de Enrique Santos Discépolo y Alfredo Le Pera.*
*Música de Enrique Santos Discépolo.*

*Y*o no sé por qué extraña
razón encontré
Carillón de Santiago
que está en
La Merced,
en tu son inmutable
la voz de mi andar,
de viajero incurable
que quiere olvidar.

Penetraste el secreto
de mi corazón,
porque oyendo tu son
la nombré sin querer...
y es así como hoy sabés
quién era y qué fue.
¡La que busco llorando
y la encontraré!

te dejo, Carillón.
Se queda en tu tañir

y al volver a partir
me llevo tu emoción
como un adiós.

Milagro peregrino
que un llanto combinó;
tu canto, como yo,
¡se cansa de vivir
y rueda sin saber
dónde morir...!

*En el desaparecido hotel Victoria de Santiago de Chile, Le Pera
y Discépolo convergen acompañando a sus respectivas parejas,
actrices de una compañía teatral. Inspirados en las notas del
campanario de la Iglesia Nuestra Sra. de la Merced, ubicada a
pasos del hotel, es esta la primera obra conocida del letrista de
Gardel.*

# VENTARRÓN

*TANGO*
*(C. 1923)*
LETRA DE JOSÉ HORACIO STAFFOLANI.
MÚSICA DE PEDRO MAFFIA.

*P*or tu fama, por tu estampa
sos el malevo mentado del hampa;
sos el más taura entre todos los tauras,
sos el mismo Ventarrón.

¿Quién te iguala por tu rango
en las canyengues quebradas del tango,

en la conquista de los corazones,
si se da la ocasión?

Entre el malevaje
Ventarrón a vos te llaman...
Ventarrón, por tu coraje,
por tus hazañas todos te aclaman...

A pesar de todo
Ventarrón dejó Pompeya
y se fue tras de la estrella
que su destino le señaló.

Muchos años han pasado
y sus guapezas y sus berretines
los fue dejando por los cafetines
como un castigo de Dios.

Solo y triste, casi enfermo,
con sus derrotas mordiéndole el alma
volvío el malevo buscando su fama
que otro ya conquistó.

Ya no sos el mismo,
Ventarrón de aquellos tiempos.
Sos cartón para el amigo
y para el maula, un pobre cristo.

Y al sentir un tango
compadrón y retobado,
recordás aquel pasado,
las glorias guapas de Ventarrón.

# PAN

*TANGO*
*1932*
LETRA DE CELEDONIO ESTEBAN FLORES.
MÚSICA DE EDUARDO GREGORIO PEREYRA.

*E*l sabe que tiene para largo rato,
la sentencia, en fija, lo va a hacer sonar...
Así, entre cabrero, sumiso y amargo,
la luz de la aurora lo va a saludar.

Quisiera que alguno pudiera escucharlo
en esa elocuencia que las penas dan,
y ver si es humano querer condenarlo
por haber robado un chacho de pan.

Sus pibes no lloran por llorar,
ni piden masitas, ni chiches, Señor;
sus pibes se mueren de frío
y lloran hambrientos de pan...

La abuela se queja de dolor,
doliente reproche que ofende a su hombría...
También su mujer escuálida y flaca,
en una mirada toda la tragedia
le ha dado ha entender.

¿Trabajar? ¿Adónde? Extender la mano
pidiendo al que pasa limosna, ¿por qué?
Recibir la afrenta de un *"perdone, hermano"*;
él, que es fuerte y tiene valor y altivez...

Se durmieron todos... Cachó la barreta...
Se puso la gorra, resuelto a robar...

Un vidrio, unos gritos, auxilio, carreras...
¡Un hombre que llora y un cacho de pan!

# LA CANCIÓN DE BUENOS AIRES

*TANGO*
*1932*
*LETRA DE MANUEL ROMERO.*
*MÚSICA DE AZUCENA JOSEFINA MAIZANI Y ORESTE CÚFARO.*

*B*uenos Aires, cuando lejos me vi
sólo hallaba consuelo
en las notas de un tango dulzón
que lloraba el bandoneón.
Buenos Aires, suspirando por ti
bajo el sol de otro cielo,
¡cuánto lloró mi corazón
escuchando tu nostálgica canción!

¡Canción maleva, canción de Buenos Aires!
Hay algo en tus entrañas que vive y que perdura...
Canción maleva, lamento de amargura,
sonrisa de esperanza, sollozo de pasión...
¡Este es el tango, canción de Buenos Aires
nacido en el suburbio, que hoy reina en todo el
mundo!
¡Ése es el tango, que llevo muy profundo
clavado en lo más hondo del criollo corazón!

Buenos Aires, donde el tango nació,
tierra mía querida;
yo quisiera poderte ofrendar
toda el alma en mi cantar.

Y le pido a mi destino el favor
de que al fin de mi vida
oiga el llorar del bandoneón
entonando tu nostálgica canción.

*Estrenado por la autora en el teatro Comedia con la compañía Arata-Simari-Franco. Grabado al año siguiente por Carlos Gardel.*

## SECRETO
*TANGO*
*1932*
**LETRA Y MÚSICA DE** *ENRIQUE SANTOS DISCÉPOLO.*

*Q*uién sos, que no puedo salvarme,
muñeca maldita, castigo de Dios...
ventarrón que desgaja en su furia un ayer
de ternuras, de hogar y de fe...
Por vos, se ha cambiado mi vida
-sagrada y sencilla como una oración-
en un bárbaro  horror de problemas
que atora mis venas y enturbia mi honor.

No puedo ser más vil,
ni puedo ser mejor
vencido por tu hechizo
que trastorna mi deber...
Por vos a mi mujer
la vida he destrozao
y es pan de mis dos hijos
todo el lujo que te he dao.
No puedo reaccionar,
no puedo comprender,

perdido en la tormenta
de tu voz que me embrujó...
la seda de tu piel que me estremece
y al latir florece, con mi perdición...

Resuelto a borrar con un tiro
tu sombra maldita que ya es obsesión
he buscado en mi noche un rincón pa´morir,
pero el arma se afloja en traición...
No sé si merezco este oprobio feroz
pero en cambio he llegado ha saber
que yo no me mato
pensando en mis hijos... no lo hago por vos...

## SI SE SALVA EL PIBE

*TANGO*
*1932*
*LETRA DE CELEDONIO ESTEBAN FLORES.*
*MÚSICA DE FRANCISCO PRACANICO.*

*S*i se salva el pibe, si el pibe se salva
vas a ver la fiesta que vamos a dar,
si Dios no permite que el pibe se vaya
llenaremos toda la casa de adornos
y daremos juntos las gracias a Dios...

No tienes que dejarlo salir con los muchachos,
en casa hay demasiado lugar para jugar;
ya ves lo que ha pasado, el muchachito bueno
cayó bajo las garras de la fatalidad.

Yo sé que tú no tienes ninguna culpa de esto,
no creas que es reproche sino resignación;

si el pibe se nos salva, salvándose el muñeco
verás como esta prueba le sirve de lección

Me contó mi madre que todos los chicos
tienen a su lado un ángel guardián,
si así fuera cierto, el buen muchachito
por lindo y por santo se debe salvar.

Y si Dios quisiera llevárselo lejos...
parece que duerme, deja de llorar,
ya sabes que han dicho que no lo despierten.

Si se salva el pibe, ¡si llega a sanar!

Traeremos los pibes de todo el contorno
y así en una tarde repleta de sol
será fiesta patria en el arrabal.

## SILENCIO

*TANGO*
*1932*
*LETRA Y MÚSICA DE ALFREDO LE PERA, CARLOS GARDEL*
*Y HORACIO PETTOROSSI (HORACIO GEMIGNANI PETTOROSSI).*

*S*ilencio en la noche, ya todo está en calma;
el músculo duerme, la ambición descansa...
Meciendo una cuna, una madre canta
un canto querido que llega hasta el alma,
porque en esa cuna está su esperanza.

Eran cinco hermanos, ella era una santa;
eran cinco besos que cada mañana
rozaban, muy tiernos, las hebras de plata

de esa viejecita de canas muy blancas.
Eran cinco hijos que al taller marchaban.

Silencio en la noche, ya todo está en calma;
el músculo duerme, la ambición trabaja...
Un clarín se oye, peligra la Patria,
y al grito de *"¡Guerra!"* los hombres se matan
cubriendo de sangre los campos de Francia.
Hoy todo ha pasado, florecen las plantas;
un himno a la vida los arados cantan.
Y la viejecita de canas muy blancas
se quedó muy sola con cinco medallas,
que por cinco héroes la premio la patria.

Silencio en la noche, ya todo está en calma;
el músculo duerme, la ambición descansa...
Un coro lejano de madres que cantan
mecen en sus cunas nuevas esperanzas.
Silencio en la noche. Silencio en las almas.

*Gardel y Petorossi, quedaron profundamente impactados al asistir a la condecoración por el presidente galo, de una anciana que había perdido siete hijos en la guerra. Ellos consideraron que el número real sonaría exagerado. Alfredo Le Pera le dió la forma definitiva.*

# LA NOVIA AUSENTE

*TANGO*
*(C.1932)*
LETRA DE ENRIQUE CADÍCAMO.
MÚSICA DE GUILLERMO BARBIERI.

*A* veces repaso
mis horas aquellas
cuando era estudiante
y tu eras la amada
que con tu sonrisa
repartías estrellas
.a todos los mozos
de aquela barriada...
¡Ah!... las noches tibias...
¡ah!...la fantasía
cuando solamente tu risa se oía
y yo no tenía
mis cabellos grises...

Ibamos del brazo
y tu suspirabas
porque muy cerquita
te decía: mi bien...
¿ves como la luna
se enreda en los pinos
y su luz de plata
te besa la sien!
Al raro conjuro de noche y seda
temblaban las hojas
del parque también,
y tu me pedías
que te recitara
esta sonatina

que soñó Rubén:
¡La princesa está triste!
¿Qué tendrá la princesa?
Los suspiros se escapan
de su boca de fresa.
Que ha perdido la risa,
que ha perdido el color...
La princesa está pálida
en su silla de oro,
está mudo el teclado
de su clave sonoro,
y en un vaso olvidado,
se desmaya una flor.

¿Qué duendes lograron
lo que ya no existe?
¿Qué mano huesuda
fue hilando mis males?
¿Y qué pena tan triste
 me ha hecho tan triste,
triste como el eco
de las catedrales?
¡Ah!...ya sé...ya sé...
fue la novia ausente,
aquella que cuando
estudiante me amaba...
Que al morir un beso
le dejé en la frente
porque estaba fría...
porque me dejaba...

# LEJANA TIERRA MIA

*CANCION*
*(C.1932)*
LETRA DE ALFREDO LE PERA.
MÚSICA DE CARLOS GARDEL.

*L*ejana tierra mía
bajo tu cielo,
bajo tu cielo
quiero morirme un día;
con tu consuelo,
con tu consuelo.
Y oir el canto de oro
de tus campanas
que yo añoro.
No sé si al complacerte
al regresar
sabré reir o llorar.
Silencio de mi aldea
que solo quiebra
la serenata
de un ardiente romeo,
bajo una ardiente
luna de plata.
Desde un balcón florido
se oye un murmullo
y un juramento
que la brisa llevó con el rumor
de otras cuitas de amor.

Lejana tierra mía
de mis amores,
¡Cómo te nombro!
En mis noches sin sueño

con las pupilas
llenas de asombro,
dime estrellita mía,
que no son vanas
mis esperanzas
que tu sabes que pronto
he de volver
a mi viejo querer.

# MILONGA SENTIMENTAL
*MILONGA*
*(C.1932)*
*LETRA DE HOMERO MANZI.*
*MÚSICA DE SEBASTIÁN PIANA.*

*M*ilonga pa' recordarte,
milonga sentimental.
Otros se quejan llorando,
yo canto por no llorar.
Tu amor se secó de golpe,
nunca dijiste porqué.
Yo me consuelo pensando
que fue traición de mujer.
Varón, pa' quererte mucho,
varón,  pa'desearte el bien,
varón, pa' olvidar agravios
porque  ya te perdoné.
Tal vez no lo sepas nunca,
tal vez no lo puedas creer,
¡Tal vez te provoque risa
verme tirao a tus pies!

Es fácil pegar un tajo
pa' cobrar una traición,
o jugar con una daga
la suerte de una pasión.
Pero no es fácil cortarse
los tientos de un metejón,
cuando están bien amarrados
los tientos del corazón.

Milonga que hizo tu ausencia,
milonga de evocación.
Milonga para que nunca
la canten en tu balcón.
Pa' que vuelvas con la noche
y te vayas con el sol.
Pa' decirte sí a veces,
o pa' gritarte que no.

*Piana rescata el ritmo de milonga del olvido en el que había
caído, incorporándola al repertorio del tango, para convertirla
en milonga ciudadana.*

## MAS SOLO QUE NUNCA

*TANGO*
*(c.1932)*
LETRA DE ENRIQUE DIZEO
MÚSICA DE FEDERICO LEONE

*N*os separamos un día
      por un enojo cualquiera
y hoy se muere el alma mía
porque en vez de la alegría

el dolor me desespera.
Es necesario que vuelvas
 que vuelvas con tu querer,
si de pensar lo que hiciste
mi amor está muy triste,
no sabe lo que hacer.

¡Tesoro mío!...
¡Cuánto sufro por tu ausencia!
¡Te extraño mucho!
¿para qué voy a mentirte?
¡Tesoro mío!
comprende un poquito:
le hace falta a mis oidos
tu dulce voz.
Vuelve a mi lado,
que necesito mirarme
en esos ojos
que te ha regalado Dios.

Ya no se ni lo que digo.
Mi voluntad se ha deshecho,
me alejé del buen amigo,
ando solo, sin abrigo
y no se que hay en mi pecho.
¿Para qué te di mi nombre
y fui detrás de tu amor?
Para que nadie se asombre
de ver penando a un hombre
que al cielo te llevó.

# DIOS TE SALVE, M´ HIJO

*TANGO*
*1933*
**LETRA** DE LUIS ACOSTA GARCÍA.
**MÚSICA** DE AGUSTÍN MAGALDI (AGUSTÍN MAGALDI COVIELLO) Y PEDRO NODA.

*E*l pueblito estaba lleno de personas forasteras.
Los caudillos desplegaban lo más rudo de su acción
arengando a los paisanos a ganar las elecciones
por la plata, por la tumba, por el voto o el facón.
Y al instante que cruzaban desfilando los contrarios
un paisano gritó *"¡Viva...!"*, y al caudillo mencionó;
y los otros respondieron sepultando sus puñales
en el cuerpo valeroso del paisano que gritó...

Un viejito, lentamente, se quitó el sombrero negro,
estiró las piernas tibias del paisano que cayó,
lo besó con toda su alma, puso un Cristo entre sus dedos
y, goteando lagrimones, entre dientes murmuró:
-*¡Pobre m´ hijo...!¡Quién diría que por noble y por valiente*
pagaría con su vida¡ sostén de una opinión...!
¡Por no hacerme caso, m´ hijo...! ¡Se lo dije tantas veces...!
¡No haga caso a los discursos del dotor ni del patrón...!
Hace frío... ¿Verdad m´ hijo...? Ya se está poniendo
oscuro...
Tapesé con este poncho y pa´ siempre llevelό...
Es el mismo poncho pampa que en su cuna, cuando chico,
muchas veces, hijo mío, muchas veces lo tapó...

*Yo vi´a d´ir al Camposanto, y a la par de su agüelita,*
*con mi daga y con mis uñas una fosa voy a abrir...*

A las doce de la noche llegó el viejo a su ranchito
y con mucho disimulo a la vieja acarició,

y le dijo tiernamente: -*Su cachorro se ha ido lejos...*
Se arregló con una tropa, le di el poncho y me besó...
Y áura, vieja... Por las dudas... Como el viaje es algo largo...
Prendalé unas cuantas velas... Por si acaso, nada más...
Arrodíllese y le reza, pa´que Dios no lo abandone...
Y suplique por las almas que precisan luz y paz...

# SI SOY ASÍ

*TANGO*
*1933*
**LETRA** DE ANTONIO BOTTA.
**MÚSICA** DE FRANCISCO JUAN LOMUTO.

*S*i soy así,
        ¿qué voy hacer?
Nací buen mozo y embalao para el querer.
Si soy así,
¿qué voy hacer?
Con las mujeres no me puedo contener.
Por eso tengo la esperanza que algún día
me toqués la sinfonía
de que ha muerto tu ilusión.
Si soy así,
¿qué voy hacer?
Es el destino que me arrastra a serte infiel.

Donde veo una pollera
no me fijo en el color;
las viuditas, las casadas o solteras,
para mí son todas peras

en el árbol del amor.
Y si las miro coquetonas por la calle,
con sus ojos tan porteños
y su talle cimbreador,
les acomodo el camuflaje
de un piropo de mi flor.

Si soy así,
¿qué voy hacer?
Pa´ mí la vida tiene forma de mujer.
Si soy así,
¿qué voy hacer?
Es Juan Tenorio que hoy ha vuelto a renacer.
Por eso, nena, no hagas caso de este loco
que no asienta más el coco,
y olvidá tu metejón...
Si soy así,
¿qué voy hacer?
tengo una esponja donde el cuore hay que tener.

# TRES ESPERANZAS

*TANGO*
*1933*
*LETRA Y MÚSICA DE ENRIQUE SANTOS DISCÉPOLO.*

No doy un paso más
alma triste que hay en mí;
me siento destrozao;
murámonos aquí;
padeciendo a lo fakir.
si el mundo sigue igual,

si el sol vuelve a salir.
La gente me ha engañao
desde el día en que nací;
las hembras se han burlao,
la vieja la perdí.
No ves que estoy en yanta
y bandeao por ser un gil,
cachá el bufoso... y chao
vamos a dormir.

Tres esperanzas tuve en la vida,
dos eran blancas y una punzó
una mi madre vieja y vencida,
otra la gente y otra un amor.
Tres esperanzas tuve en la vida,
dos me engañaron y una murió.

No tengo ni rencor
ni veneno, ni maldad...
Son ganas de olvidar,
terror al porvenir...
me he vuelto pa' mirar
y el pasao me ha hecho reír.
¡Las cosas que he soñao!
¡me caché en dié, qué gil!
Plantate aquí nomás,
alma otaria q´ hay en mí
con tres, ¿pa' qué pedir?
más vale no jugar.
Si a un paso del adiós
no hay un beso para mí
cachá el bufoso... y chao
vamos a dormir.

# AMORES DE ESTUDIANTE

*VALS*
*(C.1933)*
*LETRA DE ALFREDO LE PERA.*
*MÚSICA DE CARLOS GARDEL.*

*H*oy un juramento
mañana una traición,
amores de estudiante
flores de un día son.
En unos labios ardientes
dejar una promesa
apasionadamente,
quiero calmar los enojos
de aquellos claros ojos
siempre mintiendo amor.

Por un mirar que ruega
perder la quietud,
mujercitas sonrientes
que juran virtud.
Es una boca loca
la que hoy me provoca,
hay un collar de amores
en mi juventud.
Fantasmas del pasado,
perfumes del ayer
que evocaré doliente
plateando mi sien.
Bañadas de recuerdos
de un tiempo querido
lejano y florido
que no olvidaré.

Hoy un juramento,
mañana una traición,
amores de estudiante
flores de un día son.

*Nacido en San Pablo, Brasil, toda la fenomenal producción de
Le Pera, transcurre en forma apretada entre los años 33 y 35.
Crítico teatral, un encuentro con Gardel en París marcaría su
destino inmortal.*

# GOLONDRINAS

*TANGO*
(C.1933)
LETRA DE ALFREDO LEPERA.
MÚSICA DE CARLOS GARDEL.

*G*olondrinas de un solo verano
con ansias constantes de cielos lejanos.
Alma criolla, errante y viajera
querer detenerla es una quimera,
golondrinas con fiebre en las alas,
peregrinas borrachas de emoción
siempre sueña con otros caminos
la brújula loca de tu corazón.

Criollita de mi pueblo,
pebeta de mi bario,
la golondrina un día
su vuelo detendrá.
No habrá nube en sus ojos
de vagas lejanías.

Y en tus brazos amantes
su nido construirá.
Su anhelo de distancias
se aquietará en tu boca
con la dulce fragancia
de tu viejo querer.
Criollita de mi pueblo,
pebeta de mi barrio,
con las alas plegadas
también yo he de volver.

En tus rutas que  cruzan los mares
florece una estrella azul de cantares
y al conjuro de los nuevos paisajes
suena intensamente tu claro coraje.
Con su eterno sembrar de armonías.
Tierras lejanas te vieron pasar,
otras lunas siguieron tus huellas,
tu solo destino es siempre volar.

# GUITARRA, GUITARRA MIA

*CANCION*
*(C.1933)*
*LETRA DE ALFREDO LE PERA.*
*MÚSICA DE CARLOS GARDEL.*

Guitarra, guitarra mía,
        por los caminos del viento
vuelan en tus armonías,
coraje, amor y lamento.
Lanzas criollas de antaño
a tu conjuro pelearon;

mi china oyendo tu canto
sus ondas pupilas
de pena lloraron.
¡Guitarra, guitarra criolla,
dile que es mío ese llanto!
Azules noches pamperas
donde calmé sus enojos.
Hay dos estrellas que mueren
cuando se duermen sus ojos.
Guitarra de mis amores
con tu penacho sonoro
vas revolcando mis ansias
por rutas marchitas
que empolvan dolores.
¡Guitarra noble y florida
calla si ella me olvida!
Midiendo enormes distancias
hoy brotan de tu encordado
sones que tienen fragancias
de un tiempo viejo olvidado.
Cuando se eleva tu canto
cómo se aclara la vida,
a veces tienen tus cuerdas
caricias de dulces
trenzas renegridas.
Como ave azul sin amarras,
¡así es mi criolla guitarra!

# MELODIA DE ARRABAL

*TANGO*
*(C.1933)*
LETRA DE ALFREDO LE PERA.
MÚSICA DE CARLOS GARDEL.

*B*arrio plateado por la luna
rumores de milonga
es toda tu fortuna;
hay un fuelle que rezonga
en la cortada mistonga.
Mientras que una pebeta,
linda como una flor,
espera, coqueta,
bajo la quieta luz de un farol.
Barrio, barrio...
que tenés el alma inquieta
de un gorrión sentimental.
Penas, ruegos...
es todo el barrio malevo
melodia de arrabal
Viejo... Barrio...
Perdoná si al evocarte
se me pianta un lagrimón
que al rodar en tu empedrao
es un beso prolongao
que te da mi corazón

Cuna de tauras y cantores,
de broncas y entreveros,
de todos mis amores;
en tus muros con mi acero
yo grabé nombres que quiero:
Rosa, la "Milonguita",

Era rubia Margot..
En la primera cita
la paica Rita
me dio su amor.

# CORRIENTES Y ESMERALDA

*TANGO*
*1934*
LETRA DE CELEDONIO ESTEBAN FLORES.
MÚSICA DE FRANCISCO NICOLÁS PRACÁNICO.

*A*mainaron guapos junto a tus ochavas
cuando un cajetilla los calzó de *cross*,
y te dieron lustre las patotas bravas
allá por el año novecientos dos.
Esquina porteña, tu rante canguela
se hace una *melangue* de caña, *gin fizz*,
pase inglés y monte, bacará y quiniela,
curdelas de grapa y locas de pris.

El Odeón se manda la Real Academia,
rebotando en tangos el viejo Pigalle,
y se juega el resto la doliente anemia
que espera el tranvía para su arrabal.
De Esmeralda al Norte, pa' l lao de Retiro,
franchutas papusas caen en la oración
al ligarse un viaje, si se pone a tiro,
gambeteando el lente que tira el botón.

En tu esquina un día, Milonguita, aquella
papirusa criolla que Linning mentó,
llevando un atado de ropa plebeya

al "Hombre Tragedia" tal vez encontró.
Te glosó en poemas Carlos de la Púa
y Pascual Contursi fue tu amigo fiel.
En tu esquina rea cualquier cacatúa
sueña con la pinta de Carlos Gardel.

Esquina porteña, este milonguero
te ofrece su afecto más hondo y cordial.
Cuando con la vida esté cero a cero,
te prometo el verso más rante y canero
para hacer el tango que te haga inmortal.

*Fechado por algunos investigadores hacia 1922. Gardel lo
cantaba pero no lo grabó. Los memoriosos cuentan que en el
final de la estrofa en que se nombra, cantaba "Charles Boyer".*

## CUESTA ABAJO
*TANGO*
*1934*
LETRA DE ALFREDO LE PERA.
MÚSICA DE CARLOS GARDEL.

*S*i arrastré por este mundo
la vergüenza de haber sido
y el dolor de ya no ser...
Bajo el ala del sombrero,
cuántas veces embozada
una lágrima asomada
yo no pude contener...
Si crucé por los caminos
como un paria que el Destino
se empeño en deshacer...

Si fui flojo, si fui ciego,
sólo quiero que comprendan
el valor que representa
el coraje de querer.

Era para mí la vida entera,
como un sol de primavera,
mi esperanza y mí pasión.
Sabía
que en el mundo no cabía
toda la humilde alegría
de mi pobre corazón.
Ahora,
cuesta abajo en mi rodada,
 las ilusiones pasadas
yo no las puedo arrancar.
Sueño
con el pasado que añoro,
el tiempo viejo que lloro
y que nunca volverá.

Por seguir tras de su huella
yo bebí incansablente
en mi copa de dolor,
pero nadie comprendía
que si todo yo lo daba
en cada vuelta dejaba
pedazos de corazón.
Ahora, triste en la pendiente,
solitario y ya vencido,
yo me quiero confesar.

¡Si aquella boca mentía
el amor que me ofrecía,
por aquellos ojos brujos
yo habría dado siempre más!

# EL PESCANTE

*TANGO*

*1934*

LETRA DE HOMERO MANZI (HOMERO NICOLÁS MANZIONE PRESTERA).
MÚSICA DE SEBASTIÁN PIANA.

*Y*unta oscura trotando en la noche,
latigazo de alarde burlón...
Compadreando de gris sobre el coche
por la piedras de Constitución...
En la zurda amarrada la rienda
amansó al colorao redomón,
y como él se amansaron cien prendas
bajo el freno de su pretensión.

Vamos,
cargao con sombra y recuerdo...
Vamos,
atravesando el pasado...
Vamos,
al son de tu tranco lerdo...
Vamos,
camino al tiempo olvidado...
Vamos por viejas rutinas,
tal vez de una esquina nos llame Renée...
Vamos, que en mis aventuras
viví una locura de amor y suissé.
Tungo flaco tranqueando en la tarde,
sin aliento al chirlazo cansao...
Fracasado en el último alarde,
bajo el sol de la calle Callao...
Despintado el alón del sombrero
ya ni silba la vieja canción,
pues no quedan ni amor ni viajeros
para el coche de su corazón.

*Surge de un concurso realizado en el teatro Sarmiento, en el que se representaba la obra de Canaro "La canción de los Barrios". En esa ocasión con la voz de Ernesto Famá, dándole el espaldarazo definitivo Mercedes Simone.*

## MI BUENOS AIRES QUERIDO

*TANGO*
*1934*
*LETRA DE ALFREDO LE PERA.*
*MÚSICA DE CARLOS GARDEL.*

*M*i Buenos Aires querido,
cuando yo te vuelva a ver
no habrá más penas ni olvido.

El farolito de la calle en que nací
fue centinela de mis promesas de amor;
bajo su quieta lucecita yo la vi
a mi pebeta, luminosa como un sol.
Hoy, que la suerte quiere que te vuelva a ver,
ciudad porteña de mi único querer,
y oigo la queja de un bandoneón,
dentro del pecho pide rienda el corazón.

Mi Buenos Aires,
tierra querida,
donde mi vida terminaré.
Bajo tu amparo
no hay desengaños,
vuelan los años,
se olvida el dolor...
En caravana
los recuerdos pasan

con una estela
dulce de emoción.
Quiero que sepas
que al evocarte
se van las penas
del corazón.

La ventanita de mi calle de arrabal,
donde sonríe una muchachita en flor;
quiero de nuevo yo volver a contemplar
aquellos ojos que acarician al mirar.

En la cortada más maleva una canción
dice su ruego de coraje y de pasión.
Una promesa y un suspirar
borró una lágrima de pena aquel cantar

Mi Buenos Aires querido,
cuando yo te vuelva a ver
no habrá más penas ni olvido.

## SOLEDAD

*TANGO*
*1934*
LETRA DE ALFREDO LE PERA.
MÚSICA DE CARLOS GARDEL.

*Y*o no quiero que nadie a mí me diga
que de tu dulce vida
vos ya me has arrancado;
mi corazón una mentira pide
para esperar tu imposible llamado.

Yo no quiero que nadie se imagine
cómo es de amarga y honda
mi eterna soledad,
en mi larga noche el minutero muele
la pesadilla de su lento *tic tac*.

En la doliente sombra de mi cuarto, al esperar
sus pasos que quizá no volverán,
a veces me parece que ellos detienen su andar
sin atreverse luego a entrar...
¡Pero no hay nadie, y ella no viene!
Es un fantasma que crea mi ilusión
y que al desvanecerse va dejando su visión,
cenizas en mi corazón...

En la plateada esfera del reloj
las horas que agonizan
se niegan a pasar.
Hay un desfile de extrañas figuras
que me contemplan con burlón mirar.
Es una caravana interminable
que se hunde en el olvido
con su mueca espectral.
Se va con ella su boca, que era mía;
sólo me queda la angustia de mi mal...

# VOLVER

*TANGO*
*1934*
*LETRA DE ALFREDO LE PERA.*
*MÚSICA DE CARLOS GARDEL.*

*Y*o adivino el parpadeo
    de las luces que a lo lejos
van marcando mi retorno.
Son las mismas que alumbraron
con sus pálidos reflejos
hondas horas de dolor.
Y aunque no quise el regreso,
siempre se vuelve al primer amor.
La quieta calle, donde un eco dijo:
"Tuya es su vida, tuyo es su querer",
bajo el burlón mirar de las estrellas
que con indiferencia hoy me ven volver...

Volver
con la frente marchita,
las nieves del tiempo
platearon mi sien...
Sentir
que es un soplo la vida,
que veinte años no es nada,
que febril la mirada
errante en la sombra
te busca y te nombra...
Vivir
con el alma aferrada
a un dulce recuerdo
que lloro otra vez.

Tengo miedo del encuentro
con el pasado que vuelve
a enfrentarse con mi vida;
tengo miedo de las noches
que, pobladas de recuerdos,
encadenen mi soñar...
¡Pero el viajero que huye
tarde o temprano detiene su andar!
Y aunque el olvido, que todo destruye,
haya matado mi vieja ilusión,
guardo escondida una esperanza humilde
que es toda la fortuna de mi corazón.

# MONTE CRIOLLO

*TANGO*
*1935*
LETRA DE HOMERO MANZI (HOMERO NICOLÁS MANZIONE PRESTERA).
MÚSICA DE FRANCISCO NICOLÁS PRACÁNICO.

*C*uarenta cartones pintados
con palos de ensueño,
de engaño y de amor.
La vida es un mazo marcado,
baraja los naipes la mano de Dios.
Las malas que embosca la dicha
se dieron en juego tras cada ilusión.
Y así fue robándome fichas
la carta negada de tu corazón.
¡Hagan juego!
Monte criollo, que en su emboque
tu ternura palpité!
¡Hagan juego!

me mandé mi resto en cope
y después de los tres toques
con tu olvido me topé.

Perdí los primeros convites
parando en carpetas de suerte y verdad,
y luego, buscando desquite,
cien contras seguidas me dio tu maldad.
Me ofrece la espada su filo,
rencores del basto te quieren vengar...
¡Hoy juego mi carta tranquilo,
y entre oros y copas te habré de olvidar.

## CAMBALACHE

*TANGO*
*1935*
LETRA Y MÚSICA DE ENRIQUE SANTOS DISCÉPOLO.

*Q*ue el mundo fue y será
    una porquería, ya lo sé.
En el quinientos seis
y en el dos mil, también.
Que siempre ha habido chorros,
maquiavelos y estafaos,
contentos y amargaos,
barones y *dublés.*
Pero que el siglo veinte
es un despliegue
de maldá insolente,
ya no hay quien lo niegue.
Vivimos revolcaos en un merengue

y en el mismo lodo
todos manoseaos.

Hoy resulta que es lo mismo
ser derecho que traidor,
ignorante, sabio, chorro,
generoso o estafador...
¡Todo es igual!
¡Nada es mejor!
Lo mismo un burro
que un gran profesor.
No hay aplazaos ni escalafón,
los ignorantes nos han igualao.
Si uno vive en la impostura
y otro roba en su ambición,
da lo mismo que sea cura,
colchonero, Rey de Bastos,
caradura o polizón.

¡Qué falta de respeto,
qué atropello a la razón!
Cualquiera es un señor,
cualquiera es un ladrón...
Mezclao con Stravisky
va Don Bosco y La Mignon,
Don Chicho y Napoleón,
Carnera y San Martín...
Igual que en la vidriera
irrespetuosa
de los cambalaches
se ha mezclao la vida,
y herida por un sable sin remache
ves llorar la Biblia
junto a un calefón.

Siglo veinte, cambalache
problématico y febril...
El que no llora no mama
y el que no afana es un gil.
¡Dale, nomás...!
¡Dale, que va...!
¡Que allá en el Horno
nos vamo´a encontrar...!
No pienses más; sentate a un lao,
que a nadie importa si naciste honrao...
Es lo mismo el que labura
noche y día como un buey,
que el que vive de los otros,
que el que mata, que el que cura,
o está fuera de la ley...

*Fue estrenado por la actriz y cantante Sofía Bozán en una de las clásicas revistas del teatro Maipo. Atilio Mentasti, productor de la película "EL Alma del Bandoneón" originó un violento entredicho, por ser el titular exclusivo por un acuerdo previo con Discépolo.*

## POR UNA CABEZA

*TANGO*
*1935*
LETRA DE ALFREDO LE PERA.
MÚSICA DE CARLOS GARDEL.

*P*or una cabeza de un noble potrillo,
    que justo en la raya afloja al llegar
y que al regresar parece decir:

*-No olvidés, hermano, vos sabés, no hay que jugar...*
por una cabeza, metejón de un día
de aquella coqueta y burlona mujer,
que al jurar sonriendo el amor que está mintiendo,
quema en una hoguera todo mi querer.

¡Por una cabeza
todas las locuras...!
Su boca que besa
borra la tristeza,
calma la amargura...
¡Por una cabeza,
si ella me olvida,
qué importa perderme
mil veces la vida,
para qué vivir...!

¡Cuántos desengaños por una cabeza...!
Yo juré mil veces, no vuelvo a insistir;
pero si un mirar me hiere al pasar,
sus labios de fuego otra vez quiero besar.
¡Basta de carreras! ¡Se acabó la timba!
¡Un final reñido yo no vuelvo a ver!
Pero si algún pingo llega a ser fija el domingo,
yo me juego entero... ¡Qué le voy a hacer!

# SAN JOSÉ DE FLORES

*TANGO*
*1935*
LETRA DE ENRIQUE GAUDINO.
MÚSICA DE ARMANDO ACQUARONE

*M*e da pena verte hoy, barrio de Flores,
rincón de mis juegos, cordial y feliz.
Recuerdo queridos, novela de amores
que evoca un romance de dicha sin fin.
Nací en ese barrio, crecí en sus veredas,
un día alcé el vuelo soñando triunfar;
y hoy, pobre y vencido, cargado de penas,
he vuelto cansado de tanto ambular...

La dicha y fortunas me fueron esquivas,
jirones de ensueños dispersos dejé;
y en medio de tantas desgracias y penas,
el ansia bendita de verte otra vez...
En tierras extrañas luché con la suerte,
derecho y sin vueltas no supe mentir;
y al verme agobiado, más pobre que nunca,
volví a mi querencia buscando morir.

Más vale que nunca pensara el regreso,
si al verte de nuevo me puse a llorar...
Mis labios dijeron, temblando en un rezo:
*-Mi barrio no es éste, cambió de lugar...*
Prefiero a quedarme, morir en la huella;
si todo he perdido, barriada y hogar...
Total, otra herida no me hace ni mella;
será mi destino rodar y rodar...

# SUS OJOS SE CERRARON

*TANGO*
*1935*
LETRA DE *ALFREDO LE PERA.*
MÚSICA DE *CARLOS GARDEL.*

*S*us ojos se cerraron y el mundo sigue andando.
Su boca, que era mía, ya no me besa más.
Se apagaron los ecos de su reír sonoro
y es cruel este silencio, que me hace tanto mal.
Fue mía la piadosa dulzura de sus manos
que dieron a mis penas caricias de bondad.
Y ahora, que la evoco hundido en mi quebranto,
las lágrimas trenzadas se niegan a brotar
y no tengo el consuelo de poder llorar.

¿Por qué sus alas, tan cruel, quemó la vida?
¿Por qué esta mueca siniestra de la suerte?
Quise abrigarla y más pudo la Muerte...
¡Cómo me duele y se ahonda mi herida...!
Yo sé que ahora vendrán caras extrañas
con su limosna de alivio a mi consuelo;
todo es mentira, mentira ese lamento,
hoy está solo mi corazón...

Como perros de presa, las penas traicioneras
celando mi cariño galopaban detrás;
y escondida en las aguas de su mirada buena,
la Muerte agazapada marcaba su compás.
En vano yo alentaba, febril, una esperanza;
clavó en mi carne viva sus garras el dolor...
Y mientras, en las calles, en loca algarabía
el Carnaval del mundo gozaba y se reía,
¡burlándose, el Destino me robó su amor!

# VOLVIÓ UNA NOCHE

*TANGO*
*1935*
LETRA DE ALFREDO LE PERA.
MÚSICA DE CARLOS GARDEL.

*V*olvió una noche... No la esperaba...
Había en su rostro tanta ansiedad
que tuve pena de recordarle
su felonía y su crueldad.
Me dije humilde: -*Si me perdonas*
el tiempo viejo otra vez vendrá,
la Primavera es nuestra vida,
verás que todo nos sonreirá...

-*Mentira, mentira* -yo quise decirle-;
*las horas que pasan ya no vuelven más,*
y así, mi cariño, al tuyo enlazado,
es sólo un fantasma del viejo pasado
que ya no se puede resucitar...
   Callé mi amargura y tuve piedad;
sus ojos azules muy grandes se abrieron.
Mi pena inaudita pronto comprendieron
y con una mueca de mujer vencida
me dijo: -*Es la vida...* Y no la vi más.

Volvió una noche... Nunca la olvido,
con la mirada triste y sin luz,
y tuve miedo de aquel espectro
que fue locura en mi juventud.
Se fue en silencio, si un reproche;
busqué un espejo y me quise mirar...
¡Había en mi frente tantos inviernos
que también ella tuvo piedad!

# EL DIA QUE ME QUIERAS

*TANGO CANCION*
*(c.1935)*
*LETRA DE ALFREDO LEPERA*
*MÚSICA DE CARLOS GARDEL*

Acaricia mi ensueño
el suave murmullo de tu suspirar,
como ríe la vida
si tus ojos negros me quieren mirar;
y si es mío el amparo
de tu risa leve, que es como un cantar...
ella aquieta mi herida,
todo, todo se olvida...

El día que me quieras
la rosa que engalana
se vestirá de fiesta
con su mejor color.
Al viento las campanas
dirán que ya eres mía,
y locas las fontanas
se contarán tu amor.

La noche que me quieras
desde el azul del cielo
las estrellas celosas
nos mirarán pasar,
y un rayo misterioso
hará nido en tu pelo,
luciérnaga curiosa
que verá que eres mi consuelo.

El día que me quieras

no habrá mas que armonías,
será clara la aurora
y alegre el manantial.
traerá quieta la brisa
rumor de melodías
y nos dirán las fuentes
su canto de cristal.
El día que me quieras
endulzará sus cuerdas
el pájaro cantor
florecerá la vida
no existirá el dolor.

*Basado en un hecho real acaecido en la vida de Le Pera, la película cuenta la triste historia de su novia, con la que pensaba casarse poco tiempo después.*

# NOSTALGIAS

*TANGO*
*1936*
LETRA DE DOMINGO ENRIQUE CADÍCAMO.
MÚSICA DE JUAN CARLOS COBIÁN.

*Q*uiero emborrachar mi corazón
para apagar un loco amor,
que más que amor es un sufrir;
y aquí vengo para eso,
a borrar antiguos besos
en los besos de otra boca...
Si su amor fue flor de un día,
¿por qué causa es siempre mía
esta cruel preocupación?

Quiero por los dos mi copa alzar
para borrar mi obstinación....
¡Y más la vuelvo a recordar!

Nostalgias
de escuchar su risa loca
y sentir junto a mi boca,
como un fuego, su respiración.
Angustia
de sentirme abandonado,
de pensar que otro, a su lado,
pronto, pronto le hablará de amor.
Hermano,
yo no quiero rebajarme,
ni pedirle, ni llorarle,
ni decirle que no quiero más vivir...
Desde mi triste soledad veré caer
las rosas muertas de mi juventud.
Gime, bandoneón, tu tango gris;
quizás a ti te hiera igual
algún amor sentimental...
Llora mi alma de fantoche,
sola y triste en esta noche,
noche negra y sin estrellas...
Si las copas traen consuelo,
aquí estoy con mi desvelo
para ahogarlo de una vez.
Quiero emborrachar mi corazón
para después poder brindar
por los fracasos del amor.

*Este tango tenía primigenia que se desconoce. Según el autor, lo estrenó en Nueva York el cantor Rudy Vallé. A su retorno, le encargan un tango para una obra teatral. Cadícamo le pone* mucha letra, pero no tuvo el éxito esperado. Dos días más tarde, lo reemplazan por "El Cantor de Buenos Aires". Al poco tiempo lo rescata Cobián y con la voz de Antonio Rodríguez Lesende, lo reestrena en la boite "Charleston" de la calle Florida.

## LAS CUARENTA
*TANGO*
*1937*
LETRA DE FROILÁN (FRANCISCO GORRINDO).
MÚSICA DE ROBERTO GRELA.

*C*on el pucho de la vida apretado entre los labios,
   la mirada turbia y fría, un poco lerdo el andar,
dobló la esquina del barrio, y curda ya de recuerdos,
como volcando un veneno, esto se le oyó acusar:
- Vieja esquina de mi barrio, donde he dado el primer paso,
vuelvo a vos gastado el mazo en inútil barajar;
con una llaga en el pecho, con mi sueño hecho pedazos,
que se rompió en un abrazo que me diera la Verdad.

Aprendí todo lo malo, aprendí todo lo bueno;
sé del beso que se compra, sé del beso que se da;
del amigo que es amigo siempre y cuando le convenga
y sé que con mucha plata uno vale mucho más.
Aprendí que en esta vida hay que llorar si otros lloran,
y si la murga se ríe, uno se debe reír.
No pensar ni equivocado, ¿para qué, si igual se vive,
y además corrés el riesgo que te bauticen gil?

La vez que quise ser bueno, en la cara se me rieron;
cuando grité una injusticia, otros me hicieron callar...

La experiencia fue mi amante, el desengaño mi amigo:
Toda carta tiene contra y toda contra se da...
Hoy no creo ni en mi mismo; todo es grupo, todo es falso;
y aquél que está más alto es igual a los demás.
Por eso no has de extrañarte si alguna noche, borracho,
me vieran pasar del brazo con quien no debo pasar.

# EL ADIÓS

*TANGO*
*1937*
LETRA DE VIRGILIO SAN CLEMENTE.
MÚSICA DE MARUJA PACHECO HUERGO.

*E*n la tarde que en sombras se moría,
    buenamente nos dimos el adiós;
mi tristeza profunda no veías
y al marcharte sonreíamos los dos.
Y la desolación, mirándote partir
quebraba de emoción mi pobre voz...
El sueño más feliz moría en el adiós,
y el cielo para mí se oscureció.
En vano el alma
con voz velada
volcó en la noche la pena...
Sólo un silencio
profundo y grave
lloraba en mi corazón.

Sobre el tiempo transcurrido
vives siempre en mí,
y estos campos que nos vieron
juntos sonreír,

me preguntan si el olvido
me curó de ti.
Y entre los vientos
se van mis quejas
muriendo en ecos,
buscándote...
mientras que, lejos,
otros brazos y otros besos
te aprisionan y me dicen
que ya nunca has de volver.
Cuando vuelva a lucir la primavera,
y los campos se pinten de color,
otra vez el dolor y los recuerdos
de nostalgias llenarán mi corazón.
Las aves poblarán de trinos el lugar
y el cielo volcará su claridad...
Pero mi corazón en sombras vivirá,
y el ala del dolor te llamará.
En vano el alma
dirá a la luna
con voz velada la pena
y habrá un silencio
profundo y grave
llorando en mi corazón.

# MADAME IVONNE

*TANGO*
*1937*
LETRA DE DOMINGO ENRIQUE CADÍCAMO.
MÚSICA DE EDUARDO GREGORIO PEREYRA (EL CHON).

*M*ademoiselle Ivonne era una pebeta
    en el barrio posta del viejo Montmartre.
Con su pinta brava de alegre griseta
animó las fiestas de Les Quatre Arts.
Era la papusa del Barrio Latino
que supo a los puntos del verso inspirar,
pero fue que un día llegó un argentino
y a la francesita la hizo suspirar.

Madame Ivonne,
la Cruz del Sur fue como un sino;
Madame Ivonne,
fue como el sino de tu suerte...
Alondra gris,
tu dolor me conmueve,
tu pena es de nieve,
Madame Ivonne...

Han pasado diez años que zarpó de Francia,
Mademoiselle Ivonne hoy es sólo "Madame";
la que al ver que todo quedó en la distancia
con ojos muy tristes bebe su champán...
Ya no es la papusa del Barrio Latino;
ya no es la mistonga florcita de lis...
Ya nada le queda de aquel argentino
que entre tango y mate la alzó de París.

*Atribuida erróneamente a una supuesta novia, este tango fue pícaramente obsequiado a la "encantadora" dueña de la pensión donde residían en París, y a quien le debían...*

# DESPUES

TANGO
(c.1937)
LETRA DE HOMERO MANZI
MÚSICA DE HUGO GUTIÉRREZ

*D* espués...
        La luna en sangre y tu emoción
Y el anticipo del final
en un oscuro nubarrón.
Luego...
irremediablemente
tus ojos tan ausentes
llorando sin dolor.

Y después...
la noche enorme en el cristal
y tu fatiga de vivir
y mi deseo de luchar.
Luego...
tu piel como de nieve
y en ausencia leve
tu pálido final.

Todo retorna del recuerdo;
tu pena y tu silencio,
tu angustia y tu misterio.
Todo se abisma en el pasado;
tu nombre repetido...
tu duda y tu cansancio.

Sombra mas fuerte que la muerte.
Grito perdido en el olvido.
Paso que vuelve del fracaso.

Canción hecha pedazos
que aún es canción.

Después...
vendrá el olvido o no vendrá
y mentiré para reir
y mentiré para llorar.
Torpe fantasma del pasado
bailando en el tinglado
tal vez para olvidar.

Y después...
en el silencio de tu voz
se hará un dolor de soledad
y gritaré para vivir...
como si huyera del recuerdo
en arrepentimiento
para poder morir.

# DESVELO

*TANGO*
*(C.1937)*
LETRA DE ENRIQUE CADÍCAMO
MÚSICA DE EDUARDO BONESSI

*A*unque tu pretendas
que me aparte de tu senda;
aunque me dejes solo,
yo siempre te he de amar;
aunque por mis celos
viva lleno de desvelos

pensando que muy pronto
de mi te alejarás,
igual...igual te adoro,
te lloro y te imploro
con loco afán.
En la tristeza inmensa
de mi desolación,
los duendes de mi mal
me van mordiendo el corazón.

Mientras tu inconstancia me acorrala
y en mi se clava
como un puñal,
en las horas tristes de mi insomnio
mis pobres ojos
no puedo cerrar.
De los espejos turbios
de mi melancolía,
todos nuestros amores
surgen de aquellos días...

Ronda flotando por el cuarto tu figura,
y luego, riendo, te detienes junto a mi
para besarme con tu boca misteriosa,
tu boca deliciosa,
tu beso carmín...
Hasta que me sorprende al fin la madrugada
loco de cansancio y sin dormir.

Solo...solo y triste
porque se que tu no existes...
La noche se hace larga
pensando siempre en ti.
Y de ansiarte tanto,

sin querer, me salta el llanto;
un llanto silencioso
que brota sin cesar...
Un llanto que mis ojos
sin sueño y rojos,
no aguantan mas.
Y en este drama mío
yo me hundo sin piedad...
Párate, corazón,
no abrumes mas mi soledad.

*Con la música compuesta por quien fuera maestro de canto de Carlitos, contaba con una letra anterior suscripta por Domingo Galichio hacia 1928, titulada "De Flor en Flor" e inmortalizada por el Zorzal. Se conocen versiones actuales que fusionan ambas letras.*

# MILONGA TRISTE

*MILONGA*
*(C.1937)*
LETRA DE HOMERO MANZI
MÚSICA DE SEBASTIANÁN PIANA.

*L*legabas por el sendero
delantal y trenzas sueltas.
Brillaban tus ojos negros
claridad de luna llena.
Mis labios te hicieron daño
al besar tu boca fresca.
Castigo me dió tu mano
pero mas golpeó tu ausencia.
¡Ay...!

Volví por caminos blancos,
volví sin poder llegar.
Grité con mi grito largo
canté sin saber cantar.
cerraste los ojos negros,
se volvió tu cara blanca.
Y llevamos tu silencio
al sonar de las campanas.
la luna cayó en el agua,
el dolor golpeó mi pecho.
Con cuerdas de cien guitarras
me trencé remordimientos.
¡Ay...!
Volví por caminos viejos,
volví sin poder llegar.
Grité con tu nombre muerto,
recé sin saber rezar.
Tristeza de haber querido
tu rubor en un sendero.
Tristeza de los caminos
que después ya no te vieron.
Silencio del camposanto,
soledad de las estrellas.
Recuerdos que duelen tanto,
delantal y trenzas negras.
¡Ay...!
Volví por caminos muertos,
volví sin poder llegar.
Grité con tu nombre bueno,
lloré sin saber llorar.

# DESALIENTO

*(ADIÓS TE RUEGO)*
*TANGO*
*1938*
**LETRA DE LUIS CASTIÑEIRA.**
**MÚSICA DE ARMANDO BALIOTTI.**

*V*a plateando mis cabellos
la ceniza de los años;
en mis ojos no hay destellos,
pues la noche se hizo en ellos
al dolor de un desengaño...
En mi drama sin testigos,
sin amor, sin esperanzas,
sin amparo, sin amigos,
destrozado en mis andanzas,
vuelvo al barrio que dejé...

A Dios le ruego que no me haga llegar tarde,
que la fe de mi viejita es posible que me aguarde
y ante la puerta del hogar abandonado
pondré una cruz sobre las ruinas del pasado...
Iluso y torpe, yo hice trizas las quimeras
de mi humilde noviecita; por aquella aventurera
iba tan ciego y orgulloso como terco,
que por una flor de cerco
por el mundo me arrastré.

Dando tumbos por mi huella,
sin rencor, aunque maltrecho,
no me guiaba más estrella
que una sombra, la de aquella
que me hirió dentro del pecho...
Hoy pienso en mi viejita,
resignada, noble y buena;

angustiada, mi alma grita:
*"¡Cada cana es una pena
que le ha dado el hijo cruel!"*

# QUIERO VERTE UNA VEZ MÁS

*TANGO*
*1938*
LETRA DE JOSÉ M. CONTURSI.
MÚSICA DE MARIO CANARO.

*T*arde que me invita a conversar
con los recuerdos,
pena de esperarte y de llorar
en este encierro.
Tanto, en mi amargura, te busqué
sin encontrarte.
¿Cuándo, cuando, vida, moriré
para olvidarte?...

Quiero verte una vez más,
amada mía,
y extasiarme en el mirar
de tus pupilas;
quiero verte una vez más...
aunque me digas
que ya todo terminó
y es inútil remover
las cenizas de un amor.

Quiero verte una vez más...
estoy tan triste

que no puedo recordar
por qué te fuiste;
quiero verte una vez más,
y, en mi agonía,
un alivio sentiré,
y, olvidado en un rincón,
más tranquilo moriré.

Noche que consigues envolver
mis pensamientos,
quejas que, buscando nuestro ayer,
las lleva el viento.
Sangre que ha vertido la razón,
al evocarte,
fiebre, fiebre que me abraza el corazón,
sin olvidarte.

*El tango narra un hecho acaecido al hermano de Mario Canaro, llamado Humberto, y que le enviara la idea desde Europa.*

## BETINOTTI

*MI LONGA*
*(C. 1938)*
*LETRA DE HOMERO MANZI.*
*MÚSICA DE SEBASTIÁN PIANA.*

*E*n el fondo de la noche
la barriada se entristece
cuando en la sombra se mece
el rumor de una canción.
Paisaje de barrio turbio
chapaleado por las chatas,

que al son de cien serenatas
perfumó su corazón.

Mariposa de alas negras
volando en el callejón,
al rumorear la bordona
junto a la paz del malvón.
Y al evocar en la noche
voces que el tiempo llevó,
van surgiendo del olvido
las mentas del payador...

Estrofa de Betinotti
rezongando en las esquinas...
Tristeza de chamuchina
que jamás te olvidará...
Angustias de novia ausente
y de madre abandonada,
que se quedaron grabadas
en tu vals sentimental...

Mariposa de alas negras
volando en el callejón,
al rumorear la bordona
junto a la paz del malvón.
Y al evocar en la noche
voces que el tiempo llevó,
van surgiendo del olvido
las mentas del payador...

*(Recitado)*
*Y en las noches de los barrios*
*prolongó un canto de amor*
*animando tu recuerdo,*
*Betinotti, el payador.*

# POR LA VUELTA

*TANGO*
*1938*
*Letra de Domingo Enrique Cadícamo.*
*Música de José Tinelli.*

Afuera es noche y llueve tanto...
ven a mi lado... -me dijiste.
Hoy tu palabra es como un manto,
un manto grato de amistad...
Tu copa es ésta y la llenaste...
*-Bebamos juntos, viejo amigo,*
dijiste mientras levantaste
tu fina copa de champán...

La historia vuelve a repetirse,
mi muñequita dulce y rubia;
el mismo amor, la misma lluvia,
el mismo, el mismo loco afán...
¿Te acuerdas? Hace justo un año,
nos separamos sin un llanto,
ninguna escena, ningún daño,
simplemente fue un adiós
inteligente de los dos.

Tu copa es ésta, y nuevamente
los dos brindamos por la vuelta;
tu boca roja y oferente
bebió del fino bacará.
Después, quizá mordiendo un llanto:
*-Quedate siempre*-me dijiste-,
afuera es noche y llueve tanto...
Y comenzaste a llorar...

# DESENCANTO

*TANGO*
*(C.1938)*
*LETRA DE ENRIQUE SANTOS DISCÉPOLO Y LUIS CÉSAR AMADORI.*
*MÚSICA DE ENRIQUE SANTOS DISCÉPOLO.*

*Q*ué desencanto mas hondo,
qué desconsuelo brutal!...
¡Qué ganas de echarse en el suelo
y ponerse a llorar!

Cansao de ver la vida,
que siempre se burla
y hace pedazos
mi canto y mi fe.
La vida es tumba de ensueños
con cruces que, abiertas,
preguntan...¿pa' qué?

Y pensar que en mi niñez
tanto ambicioné, que al soñar
forjé tanta ilusión;
oigo a mi madre aún,
la oigo engañándome,
porque la vida me negó
las esperanzas que en la cuna
me cantó.

De lo ansiao, solo
alcancé un amor,
y, cuando lo alcancé,
me traicionó.
Yo hubiera dado la vida
para salvar la ilusión.
Fue el único sol de mi esperanza

que tuvo fe, mi amor.
Dulce consuelo
del que nada alcanza.

Sueño bendito
que me hizo traición.
Yo vivo muerto hace mucho,
no siento ni escucho
ni a mi corazón.

# COBARDIA

*TANGO*
*(C.1938)*
*LETRA DE LUIS CÉSAR AMADORI*
*MÚSICA DE CHARLO*

*N*o se qué daño he hecho
      yo pa' merecer
esta cadena inaguantable
de dolor,
que cuando no te beso
no puedo respirar
y siento que me ahogo
tus labios al besar;
de sufrir tanto
perdí la dignidad
y no me importa saber que me engañàs.
¿No ves que necesito de vos?
Te quiero ver,
hablame como siempre...
¡decí que me querés!
Yo se que es mentira

todo lo que estás diciendo,
que soy en tu vida
solo un remordimiento.
Yo se que es de pena
que mentís para no matarme;
lo se, y sin embargo
sin esa mentira no puedo vivir.

Anoche mismo
he podido comprobar
que ni la puerta de esta casa respetás;
yo vi con estos ojos
los besos que te dió
y oí que se reían
burlándose los dos.
Humildemente, sin embargo,
ya lo ves, yo te pregunto:
¿todavía me querés?
Y cerrando los ojos
escucho que jurás
que nunca me engañaste,
que no me olvidarás.

*Se cuentan también varias versiones de este como bolero, alguna de las cuales alcanzaría cierta popularidad, interpretada por el propio autor.*

# LUNES

*TANGO*
*1939*
*LETRA DE FRANCISCO GARCÍA JIMENEZ.*

*U*n catedrático escarba su bolsillo
   a ver si el níquel le alcanza para un
completo...
Ayer-¡qué dulce!-, la fija del potrillo;
hoy -¡qué vinagre!-, rompiendo los boletos...
El almanaque nos bate que es lunes,
que se ha acabado la vida bacana,
que viene al humo una nueva semana
con su mistongo programa aburrido...

Rumbeando pa´l taller
va Josefina,
que en la milonga, ayer,
la iba de fina.
la reina del salón
ayer se oyó llamar...
Del trono se bajó
pa´ir a trabajar...

El lungo Pantaleón
ata la chata,
de traje fulerón
y en alpargata...
Ayer en el Paddock
jugaba diez y diez...
Hoy va a cargar carbón
al Dique 3.

Piantó el domingo de placer,

bailongo, póker y champán.
Hasta el más seco pudo ser
por diez minutos un bacán.
El triste lunes se asomó,
mi sueño al diablo fue a parar,
la redoblona se cortó
y pa´l laburo hay que rumbear.

Pero ¿qué importa que en este monte criollo
hoy muestre un lunes en puerta el almanaque?
Si en esa carta caímos en el hoyo,
ya ha de venir un domingo que nos saque.
No hay mal, muchachos, que dure cien años
y ligaremos también un bizcocho...
A lo mejor acertamos las ocho
¡ y quién te ataja ese día corazón!

*Este tango nace en 1923, como "Lunes 13".*

## MALA SUERTE

*TANGO*
*1939*
*LETRA DE FROILÁN (FRANCISCO GORRINDO).*
*MÚSICA DE FRANCISCO JUAN LOMUTO.*

*S*e acabó *nuestro cariño*, me dijiste fríamente.
Yo pensé pa´ mis adentros: –*Puede que tengas razón...*
Lo pensé y te dejé sola, sola y dueña de tu vida,
mientras yo con mi conciencia me jugaba el corazón.
Y cerré fuerte los ojos, y apreté fuerte los labios,

pa´ no verte, pa´ no hablarte, pa´ no gritar un adiós...
Y tranqueando despacito me fui al bar que está en la esquina
para ahogar con cuatro tragos lo que pudo ser tu amor.

Yo no pude prometerte cambiar la vida que llevo,
porque nací calavera y así me habré de morir,
A mí me tiran la farra, el café, la muchachada,
y donde haya una milonga yo no puedo estar sin ir.
Bien sabés cómo yo he sido, bien sabés como he pensado
de mis locas inquietudes, de mi afán de callejear.
¡Mala suerte si hoy te pierdo! ¡Mala suerte si ando solo!
¡El culpable soy de todo, ya que no puedo cambiar!

Porque yo sé que mi vida no es una vida modelo,
porque quien tiene un cariño al cariño se ha de dar,
y yo soy como el jilguero que aun estando en jaula de oro
en su canto llora siempre el antojo de volar.
He tenido mala suerte, pero hablando francamente,
yo te quedo agradecido, has sido novia y mujer.
Si la vida ha de apurarme con rigores algún día,
ya podés estar segura que de vos me acordaré.

## MANO BLANCA
*TANGO*
*1939*
LETRA DE HOMERO MANZI.
MÚSICA DE ANTONIO DE BASSI.

Dónde vas, carrerito del Este,
castigando tu yunta de ruanos,
y mostrando en la chata celeste
las dos iniciales pintadas a mano...?

Reluciendo la estrella de bronce
claveteada en la suela de cuero...
¿Dónde vas, carrerito del Once...
cruzando ligero las calles del Sur...?

¡Porteñito! ¡Manoblanca!
¡Vamos, fuerza, que viene barranca...!
¡Manoblanca! ¡Porteñito!
¡Fuerza, vamos, que falta un poquito...!
¡Bueno, bueno...! ¡Ya salimos!
Ahora sigan parejo otra vez,
que esta noche me esperan sus ojos
en la avenida Centenera y Tabaré.

¿Dónde vas, carrerito porteño,
con tu chata flameante y coqueta,
con los ojos cerrados de sueño
y un gajo de ruda detrás de la oreja...?
El orgullo de ser bien querido
se adivina en tu estrella de bronce...
Carrerito del barrio del Once,
que vuelves trotando para el corralón...

¡Porteñito! ¡Manoblanca!
¡Vamos, fuerza, que viene barranca...!
¡Manoblanca! ¡Porteñito!
¡Fuerza, vamos, que falta un poquito...!
¡Bueno, bueno...! ¡Ya salimos!
Ahora sigan parejo otra vez,
mientras sueño en los ojos aquellos
de la avenida Centenera y Tabaré.

*Existe una versión anterior, con otra letra, que es de Carlos
Scheaffer Gallo, autor teatral, llamada "El romántico fulero",*

grabado en la época por Azucena Maizani. El dr. Gutierrez Miglio, publicó en "Historia del Tango", editado por el Instituto de Investigaciones del Tango, un sesudo trabajo con respecto al tema.

# TORMENTA

*TANGO*
*1939*
LETRA Y MÚSICA DE ENRIQUE SANTOS DISCÉPOLO.

*A*ullando entre relámpagos
perdido en la tormenta
de mi noche interminable, Dios!
busco tu nombre...
No quiero que tu rayo
me enceguezca entre el horror
porque preciso luz para seguir...!
Lo que aprendí de tu mano
no sirve para vivir?
Yo siento que mi fe se tambalea
que la gente mala vive Dios!
mejor que yo!
Si la vida es el infierno
y el honrao vive entre lágrimas!
¿Cuál es el bien?
Del que lucha en nombre tuyo
limpio, puro... ¿Para qué?
Si hoy la infamia da el sendero
y el amor mata en tu nombre
Dios, lo que has besao...
el seguirte es dar ventaja
y el amarte sucumbir al mal?

No quiero abandonarte, yo
demuestra una vez sola
que el traidor no vive impune, Dios
para besarte...
Enséñame una flor
que haya nacido
del esfuerzo de seguirte, Dios
para no odiar:
Al mundo que me desprecia
porque no aprendo a robar...
y entonces de rodillas
hecho sangre en los guijarros
moriré con vos,
Feliz, señor!

# INFAMIA

*TANGO*
*(C.1939)*
LETRA Y MÚSICA DE ENRIQUE SANTOS DISCÉPOLO.

*L* a gente que es brutal cuando se ensaña,
la gente que es feroz cuando hace mal,
buscó para hacer títeres en su *guignol*
la imagen de tu amor y mi esperanza.
¿A mi que me importaba tu pasado...?
¡Si tu alma entraba pura a un porvenir!
Dichoso, abrí los brazos a tu afán y con mi amor
salimos de payasos a vivir.

¿Fue inútil gritar que querías ser buena...?
Fue estúpido aullar la promesa de tu redención.

La gente es brutal y odia siempre al que sueña;
se burla y con risas desdeña su intento mejor...
¡Tu historia y mi honor desnudados en la feria
bailaron su danza de horror sin compasión...!

¡Tu angustia comprendió que era imposible!
(...luchar contra la gente es infernal...)
Por eso me dejaste sin decirlo, amor,
y fuiste a hundirte al fin en tu destino.
Tu vida desde entonces fue un suplicio:
¡vorágine de horrores y de alcohol!
Anoche te mataste ya del todo y mi emoción
te llora en tu descanso...¡corazón!

Quisiera que Dios amparara tu sueño;
¡muñeca de amor que no pudo alcanzar su ilusión!
Yo quise hacer mas pero solo fue un ansia.
Que tu alma perdone a mi vida su esfuerzo mejor.
De blanco al morir, llegará tu esperanza,
vestida de novia ante Dios, como soñó.

# CLAUDINETTE

*TANGO*
*1940*
LETRA DE JULIÁN CENTEYA (AMLETO ENRICO VERGIATI).
MÚSICA DE ENRIQUE PEDRO DELFINO.

Ausencia de tus manos en mis manos...
Distancia de tu voz, que ya no está...
Mi pobre Claudinette de un sueño vano,
perdida ya de mí, dónde andarás...

La calle dio el encuentro insospechado;
la calle fue después quien te llevó...
Tus grandes ojos negros, afiebrados,
llenaron de tinieblas mi pobre corazón.

Medianoche parisina
en aquel café concert,
como envuelta en la neblina
de una lluvia gris y fina
te vi desaparecer...
Me dejaste con la pena
de saber que te perdí,
mocosita dulce y buena
que me diste la condena
de no ser jamás feliz.

Mi sueño es un fracaso que te nombra
y espera tu presencia, corazón,
por el camino de una cita en sombra
en un país de luna y farol.
Mi Claudinette pequeña y tan querida,
de blusa azul y la canción feliz;
definitivamente ya perdida,
me la negó la calle, la calle de París.

# REMEMBRANZAS

*TANGO*
*1940*
*LETRA DE MARIO BATISTELLA.*
*MÚSICA DE MARIO MELFI.*

*C*omo son largas las semanas
	cuando no estás cerca de mí,
no sé que fuerzas sobrehumanas
me dan valor lejos de ti.
	Muerta la luz de mi esperanza
	soy como un náufrago en el mar
	sé que me pierdo en lontananza
	mas no me puedo resignar.

	¡Ah! qué triste es recordar
	después de tanto amar,
	esa dicha que pasó,
	flor de una ilusión
	se marchitó
	nuestra pasión.
	¡Ah! olvida mi desdén
	retorna dulce bien,
	a nuestro amor,
	y volverá a florecer
	nuestro querer
	como aquella flor.

	En nuestro cuarto tibio y rosa
	todo quedó como otra vez
	y en cada adorno, en cada cosa
	te sigo viendo como ayer.
	Tu foto sobre la mesita,
	que es credencial de mi dolor,
	y aquella hortensia ya marchita
	que fue el cantar de nuestro amor.

# COMO DOS EXTRAÑOS

*TANGO*
*1940*
LETRA DE JOSÉ MARÍA CONTURSI.
MÚSICA DE PEDRO LAURENZ.

*M*e acobardó la soledad
y el miedo enorme
de morir lejos de ti...
¡Qué ganas tuve de llorar
sintiendo junto a mí
la burla de la realidad!
y el corazón me suplico
que te buscara y que le diera tu querer...
Me lo pedía el corazón
y entonces te busqué
creyéndote mi salvación...

Y ahora que estoy frente a ti
parecemos, ya ves, dos extraños...
Lección que por fin aprendí:
¡como cambian las cosas los años!
Angustia de saber muertas ya
la ilusión y la fe...
Perdón si me ves lagrimear...
¡Los recuerdos me han hecho mal!

Palideció la luz del sol
al escucharte fríamente conversar...
Fue tan distinto nuestro amor
y duele comprobar
que todo, todo terminó.
¡Qué gran error volverte a ver
para llevarme destrozado el corazón!

Son mil fantasmas, al volver
burlándose de mí,
las horas de ese muerto ayer...

*Rescatado del ostracismo por Floreal Ruiz y Goyeneche, que lo incorporaron a sus repertorios hacia 1980.*

# SOMBRAS... NADA MAS

*TANGO*
*1940*
*LETRA DE JOSÉ MARÍA CONTURSI.*
*MÚSICA DE FRANCISCO LOMUTO.*

*Q*uisiera abrir lentamente mis venas...
　Mi sangre vertirla toda a tus pies...
Para poderte demostrar
que más no puedo amar
Y entonces... ¡morir después!
Y sin embargo, tus ojos azules
¡azul que tienen el cielo y el mar!
Viven cerrados para mí
sin ver que estoy así
perdido en mi soledad.

Sombras... ¡nada más!...
Acariciando mis manos...
Sombras nada más
¡En el temblor de mi voz!
Pude ser feliz
y estoy en vida muriendo
y entre lágrimas viviendo
los pasados más horrendos

¡de este drama sin final!
Sombras... ¡nada más!...
entre tu vida y mi vida...
Sombras... ¡nada más!...
¡Entre mi amor y tu amor!

Qué breve fue tu presencia en mi hastío.
¡Qué tibia fueron tu mano y tu voz!
Como luciérnaga llegó
tu luz disipó
las sombras de mi rincón...
Y me quedé como un duende temblando
sin el azul de tus ojos de mar
que se han cerrado para mí
sin ver que estoy así
perdido en mi soledad.

Sombras... ¡nada más!...
Acariciando mis manos...
Sombras nada más
¡En el temblor de mi voz!
Pude ser feliz
y estoy en vida muriendo
y entre lágrimas viviendo
los pasados más horrendos
¡de este drama sin final!
Sombras... ¡nada más!...
entre tu vida y mi vida...
Sombras... ¡nada más!...
¡Entre tu amor y mi amor!

*Ejemplo claro de universalidad, la letra de este tango, se ha difundido también como bolero, alcanzando una extraordinaria repercusión.*

# ARRABALERA

*TANGO*
*(c.1940)*
LETRA DE CÁTULO CASTILLO
(CATULO OVIDIO GONZÁLEZ CASTILLO)
MÚSICA DE SEBASTIÁN PIANA.

*M*i casa fue un corralón
de arrabal bien proletario,
papel de diario el pañal del cajón
en que me crié...
Para mostrar mi blasón,
pedigrée modesto y sano,
oiga che...presentemé...
Soy Felisa Roberano...
Tanto gusto... no hay de qué...

Arrabalera
como flor de primavera
que creció en el callejón...
Arrabalera
yo soy propia hermana entera
de Chiclana y compadrón...
Si ganás el morfe diario
qué me importa el diccionario
ni el hablar con distinción.
Tengo un sello de nobleza...
Soy porteña de una pieza...
Tengo voz de bandoneón.

Si se me da la ocasión de bailar
un tango arruespe
encrespe su corazón
de varón sentimental...

Y al revoliar mi percal
al marcar mi firulete
que en el brete musical
se conoce...la gran siete
mi prosapia de arrabal.

## AHORA... NO ME CONOCES

*TANGO*
*1941*
*MÚSICA DE ARMANDO BALLIOTTI.*
*LETRA DE GIAMPE (CARLOS GIAMPETRUZZI).*

*T*e perdiste del rincón natal
   tras un sueño de distancia...
Sin pensar que allá quedaban
los seres que te amaban
y yo con mi constancia...
¡Agonía de vivir sin vos
y morir en el camino.
Y marché, dejando atrás
la maldición sobre los dos...
¡Y éste es el pago que me das!
Ahora no me conocés...
¡me borró tu ingratitud!...
Aunque dejés mi alma trunca,
no podrás olvidar nunca
lo de nuestra juventud...
¡Algún día llorarás
todo el daño que me hacés!...
Te busqué sin darme paz,
por cariño nada más...

¡Y ahora no me conocés!...
¡No se juega con un corazón
como vos lo hacés conmigo!...
¡No pongas el gesto huraño!
Buscarte fue mi engaño
y hallarte mi castigo...
Yo no sé cómo podés fingir
este asombro en mi presencia.
Yo, que soñaba esta ocasión,
te vi pasar, te oí reír...
¡y se hizo trizas mi ilusión!

# EN ESTA TARDE GRIS

*TANGO*
*1941*
LETRA DE JOSÉ MARÍA CONTURSI.
MÚSICA DE MARIANO MORES (MARIANO MARTÍNEZ).

*Q*ué ganas de llorar en esta tarde gris!
En su repiquetear, la lluvia habla de ti...
Remordimiento de saber
que por mi culpa nunca,
vida, nunca te veré.
Mis ojos, al cerrar, te ven igual que ayer,
temblando al implorar de nuevo mi querer...
Y hoy es tu voz que vuelve a mí
en esta tarde gris...

- *Ven*
(triste me decías),
que en esta soledad
no puede más el alma mía...
Ven

y apiádate de mi dolor,
que estoy cansada de llorarte,
de sufrir y de esperarte
y de hablar siempre a solas
con mi corazón...
Ven
pues te quiero tanto
que si no vienes hoy
voy a quedar ahogada en llanto...
No,
no puede ser que viva así,
con este amor clavado en mí
como una maldición...
No supe comprender tu desesperación
y alegre me alejé en alas de otro amor...
¡Qué solo y triste me encontré
cuando me vi tan lejos
y mi engaño comprobé!
Mis ojos, al cerrar, te ven igual que ayer,
temblando al implorar de nuevo mi querer...
Y hoy es tu voz que vuelve a mí
en esta tarde gris.

# MALENA

*TANGO*
*1941*
LETRA DE HOMERO MANZI.
MÚSICA DE LUCIO DEMARE.

Malena canta el tango como ninguna
y en cada verso pone su corazón.
A yuyo de suburbio su voz perfuma.

Malena tiene pena de bandoneón.
Tal vez allá, en la infancia, su voz de alondra
tomó ese tono obscuro de callejón;
o acaso aquel romance que sólo nombra
cuando se pone triste con el alcohol...
Malena canta el tango con voz de sombra;
Malena tiene pena de bandoneón.

Tu canción
tiene el frío del último encuentro.
Tu canción
se hace amarga en la sal del recuerdo.
Yo no sé
si tu voz es la flor de una pena;
sólo sé
que al rumor de tus tangos, Malena,
te siento más buena,
más buena que yo.

Tus ojos son obscuros como el olvido;
tus labios, apretados como el rencor;
tus manos , dos palomas que sienten frío;
tus venas tienen sangre de bandoneón...
Tus tangos son criaturas abandonadas
que cruzan sobre el barro del callejón
cuando todas las puertas están cerradas
y ladran los fantasmas de la canción.
Malena canta el tango con voz quebrada;
Malena tiene pena de bandoneón.

*Se atribuye el personaje a la cantante Malena de Toledo. A su vez circulan otras versiones, adjudicando y adjudicándose ser el motivo de este tango, fruto de un encuentro de los autores en Brasil, en donde Homero era presentador y Lucio músico.*

# TINTA ROJA

TANGO
*1941*
LETRA DE CÁTULO CASTILLO (OVIDIO CÁTULO GONZÁLEZ CASTILLO).
MÚSICA DE SEBASTIÁN PIANA.

*P*aredón,
      tinta roja en el gris del ayer;
tu emoción de ladrillo, feliz
sobre mi callejón,
con un borrón
pintó la esquina
y al botón
que en el ancho de la noche
puso al filo de la ronda
como un broche...
Y aquel buzón carmín
y aquel fondín,
donde lloraba el tano
su rubio amor lejano
que mojaba con *bon vin*...

¿Dónde estará mi arrabal?
¿Quién se robó mi niñez?
¿En qué rincón, luna mía,
volcás, como entonces,
tu clara alegría?
Veredas que yo pisé...
Malevos que ya no son...
Bajo tu cielo de raso
trasnocha un pedazo
de mi corazón.

Paredón,
tinta roja en el gris del ayer;
borbotón de mi sangre infeliz,
que vertí en el malvón
de aquel balcón
que la escondía.
Yo no sé
si fue el negro de mis penas
o fue el rojo de tus venas
mi sangría...
¿Por qué llegó y se fue
tras del carmín
y el gris fondín lejano,
donde lloraba el tano
sus nostalgias de *bon vin*?

# TODA MI VIDA
*TANGO*
*1941*
LETRA DE JOSÉ MARÍA CONTURSI.
MÚSICA DE ANÍBAL TROILO (ANÍBAL CARMELO TROILO).

*H*oy, después de tanto tiempo
de no verte, de no hablarte;
ya cansado de buscarte,
siempre, siempre...
Siento que me voy muriendo
por tu olvido, lentamente;
y en el frío de mi frente,
tus besos no dejarás...

Sé que mucho me has querido
tanto, tanto como yo...

Pero, en cambio, yo he sufrido
mucho, mucho más que vos...
No se por qué te perdí,
tampoco sé cuándo fue,
pero a tu lado dejé
toda mi vida;
y hoy, que estás lejos de mí
y has conseguido olvidar,
soy un pasaje de tu vida,
nada más...
¡Es tan poco lo que falta
para irme con la muerte!
Ya mis ojos no han de verte
nunca, nunca...
Y si un día por culpa mía
una lágrima vertiste,
porque tanto me quisiste
sé  que me perdonarás.

# TU PÁLIDO FINAL

*TANGO*
*1941*
LETRA DE ALFREDO FAUSTINO ROLDÁN.
MÚSICA DE VICENTE DEMARCO.

*T*u cabellera rubia
    caía entre las flores
pintadas de percal,
y había en tus ojeras
la inconfundible huella
que hablaba de tu mal.
Fatal, el Otoño con su trágico

murmullo de hojarasca,
te envolvió y castigó el dolor.
Después, todo fue en vano;
tus ojos se cerraron
y se apagó tu voz...

Llueve...
la noche es más oscura...
Frío...
Dolor y soledad...
El campanario marca
la danza de las horas...
Un vendedor de diarios
se va con su pregón...
¡Qué triste está la calle!
¡Qué triste está mi cuarto!
¡Qué solo sobre el piano
el retrato de los dos!

El pañuelito blanco
que esconde en sus encajes
tu pálido final,
y aquella crucecita,
regalo de mi madre,
aumentan mi pesar.
¿No ves que hasta llora
el viejo patio de mi amor
al oír el canto amargo y mi desolación?
¿Por qué las madreselvas
sin florecer te esperan,
como te espero yo?

# TU PIEL DE JAZMIN
## TANGO
### 1941
LETRA DE JOSÉ M. CONTURSI.
MÚSICA DE MARIANO MORES.

*E*stoy pagando mi culpa,
¡borracho..., sin razón..., perdido!
Ya no tendré lo que he tenido...
ya nunca... yo sé que nunca...
Y en el silencio se quedó
la queja amarga de tu adiós como castigo;
estoy pagando mi culpa
y sigo sin poder olvidar...

Me faltas tú
con tu piel de jazmín...
Me faltas tú,
con tu voz... tu reir...
Y en la terrible tortura
de mis noches tan dramáticas y oscuras
escucho siempre tu voz...
Toco tu piel...
tu piel de raso y de jazmín.

Me fui matando tus sueños
y todo se quedó vacío.
Abandoné lo que era mío.
¿Te acuerdas?... Tan solo mío.
Y hoy que no puedo regresar,
tu llanto sigue junto a mí como un castigo
Me fui matando tus sueños
y sigo sin poder olvidar.

# TANGO

*(VOZ DE TANGO)*
*TANGO*
*1942*
*LETRA DE HOMERO MANZI (HOMERO NICOLÁS MANZIONE PRESTERA).*
*MÚSICA DE SEBASTIÁN PIANA.*

*F*arol de esquina, ronda y llamada.
Lengua y piropo, danza y canción.
Truco y codillo, barro y cortada.
Piba y glicina, fueye y malvón.
Café de barrio, dato y palmera,
negra y caricia, noche y portón.
Chisme de vieja, calle Las Heras.
Pilchas, silencio, quinta edición.

Tango,
piel oscura, voz de sangre.
Tango,
yuyo amargo de arrabal.
Tango,
vaina negra del puñal.
Tango,
voz cortada de organito.
Guapo
recostado en el buzón.
Trampa,
luz de aceite en el garito.
Todo,
todo vive en tu emoción.

Percal y horario, ropa y costura.
Pena de agosto, tardes sin sol.
Luto de Otoño, pan de amargura.
Flores, recuerdos, mármol y dolor.

Gorrión cansado, jaula y miseria.
Alas que vuelan, carta de adiós.
Luces del Centro, trajes de seda.
Fama y prontuario, plata y amor.

# BARRIO DE TANGO

*TANGO*
*1942*
LETRA DE *HOMERO MANZI (HOMERO NICOLÁS MANZIONE PRESTERA)*.
MÚSICA DE *ANÍBAL TROILO (ANÍBAL CARMELO TROILO)*.

*U*n pedazo de barrio, allá en Pompeya,
  durmiéndose al costado del terraplén;
un farol balanceando en la barrera
y el misterio de adiós que siembra el tren..

Un ladrido de perros a la luna,
el amor escondido en un portón
y los sapos redoblando en la laguna
y a lo lejos, la voz del bandoneón...

Barrio de tango, luna y misterio;
calles lejanas, ¿dónde andarán?
Viejos amigos que hoy ni recuerdo,
¿qué se habrán hecho, dónde estarán?
Barrio de tango, ¿qué fue de aquella
Juana, la rubia que tanto amé?
¿Sabrá que sufro pensando en ella
desde la tarde que la dejé?
¡Barrio de tango, luna y misterio,
desde el recuerdo te vuelvo a ver!

Un coro de silbidos, allá en la esquina,
y el codillo llenando el almacén;
y el dolor de la pálida vecina
que ya nunca salió a mirar el tren...
Así evoco tus noches, barrio tango,
con las chatas entrando al corralón,
y la luna chapaleando sobre el fango
y a lo lejos, la voz del bandoneón...

*Grabado por Pichuco en el 42 con Fiorentino, en el 64 con Nelly Vásquez y en el 71 con el Polaco Goyeneche.*

# GRICEL

*TANGO*
*1942*
LETRA DE JOSÉ MARÍA CONTURSI.
MÚSICA DE MARIANO MORES (MARIANO MARTÍNEZ).

*N*o debí pensar jamás
      en lograr tu corazón,
y sin embargo te busqué
hasta que un día te encontré
y con mis besos te aturdí
sin importarme que eras buena.
Tu ilusión fue de cristal:
se rompió cuando partí,
pues nunca, nunca más volví...
¡Qué amarga fue tu pena!
-*No te olvides de mí,*
de tu Gricel,
me dijiste al besar
el Cristo aquél;
y hoy que vivo enloquecido

porque no te olvidé,
ni te acuerdas de mí,
Gricel... ¡Gricel...!

Me faltó después tu voz
y el calor de tu mirar,
y como un loco te busqué,
pero ya nunca te encontré
y en otros besos me aturdí.
Mi vida toda fue un engaño...
¿Qué será, Gricel, de mí...?
Se cumplió la ley de Dios,
porque sus culpas ya pagó
quien te hizo tanto daño.

*Verdadera historia de amor perdido, que recupera años después dando motivo a otro tango que no gozó de su trascendencia, denominado "Otra vez Gricel".*

## LOS MAREADOS

*TANGO*
*1942*
LETRA DE DOMINGO ENRIQUE CADÍCAMO.
MÚSICA DE JUAN CARLOS COBIÁN.

*R*ara,
como encendida, te hallé bebiendo
linda y fatal.
Bebías,
y en el fragor del champán loca reías,
por no llorar.
Pena
me dio encontrarte, pues al mirarte

yo vi brillar
tus ojos,
con ese eléctrico ardor, tus negros ojos
que tanto adoré.

Esta noche, amiga mía,
el alcohol nos ha embriagado...
¡Qué me importa que se rían
y nos llamen los "mareados"!
Cada cual tiene sus penas
y nosotros las tenemos.
Esta noche beberemos,
porque ya no volveremos
a vernos más.

Hoy vas a entrar en mi pasado,
en el pasado de mi vida...
tres cosas lleva mi alma herida:
amor, pesar, dolor...
Hoy vas a entrar en mi pasado,
hoy nuevas sendas tomaremos.
¡Qué grande ha sido nuestro amor,
y sin embargo, ay , mirá lo que quedo!

*En 1922 nace como "En mi pasado", sin letra. Posteriormente,
con motivo de una obra de teatro, Raúl Doblas y T. Weisbach,
lo titularon "Los Dopados". En 1942 Cadícamo suscribe los
versos que anteceden.*

# MAÑANA ZARPA UN BARCO

*TANGO*
*1942*
LETRA DE HOMERO MANZI.
MÚSICA DE LUCIO DEMARE.

*R*iberas que no cambian tocamos al anclar.
Cien puertos nos regalan la música del mar.
Muchachas de ojos tristes nos vienen a esperar
y el gusto de las copas parece siempre igual.
Tan sólo aquí en tu puerto se alegra el corazón,
Riachuelo donde sangra la voz del bandoneón.
Bailemos hasta el eco del último compás;
mañana zarpa un barco, tal vez no vuelva más...

¡Qué bien se baila sobre la tierra firme!
Mañana al alba tendremos que zarpar.
La noche es larga, no quiero que estés triste...
Muchacha, vamos; no sé por qué llorás...
Diré tu nombre cuando me encuentre lejos.
Tendré un recuerdo para contarle al mar.
La noche es larga, no quiero que estés triste...
Muchacha, vamos; no sé por qué llorás...

Dos meses en un barco viajó mi corazón,
dos meses añorando la voz del bandoneón.
El tango es puerto amigo donde ancla la ilusión,
al ritmo de su danza se hamaca la emoción.
De noche, con la luna soñando sobre el mar,
el ritmo de la olas me miente su compás.
Bailemos este tango, no quiero recordar;
mañana zarpa un barco, tal vez no vuelva más...

# NINGUNA

*TANGO*
*1942*
LETRA DE HOMERO MANZI (HOMERO NICOLÁS MANZIONE PRESTERA).
MÚSICA DE RAÚL FERNÁNDEZ SIRO.

*E*sta puerta se abrió para tu paso.
Este piano tembló con tu canción.
Esta mesa, este espejo y estos cuadros
guardan ecos del eco de tu voz.
¡Es tan triste vivir entre recuerdos...!
¡Cansa tanto escuchar ese rumor
de la lluvia sutil que llora el tiempo
sobre aquello que quiso el corazón...!

No habrá ninguna igual, no habrá ninguna...
Ninguna con tu piel ni con tu voz...
Tu piel, magnolia que mojó la luna.
Tu voz, murmullo que entibió el amor.
No habrá ninguna igual, todas murieron
desde el momento que dijiste adiós.

Cuando quiero alejarme del pasado
*"Es inútil...",* me dice el corazón.
Este piano, esta mesa y estos cuadros
guardan ecos del eco de tu voz.
En un álbum azul están los versos
que tu ausencia cubrió de soledad.
Es la triste ceniza del recuerdo;
nada más que cenizas, nada más...

# NO TE APURES, CARABLANCA

*TANGO*
*1942*
LETRA DE CARLOS BAHR.
MÚSICA DE ROBERTO GARZA.

*N*o te apures, Carablanca,
 que no tengo quien me espere...
Nadie extraña mi retardo,
para mí siempre es temprano
para llegar.
No te apures, Carablanca,
que al llegar me quedo solo...
Y la noche va cayendo
y en sus sombras los recuerdos
lastiman más.

Me achica el corazón
salir del corralón,
porque me sé perdido...
Me tienta la ilusión
que ofrece el bodegón
en su copa de olvido...
Caña en la pena...
Llama que me abrasa...
Mal que no remedia...
Pena que se agranda...
¡Siempre lo mismo,
voy para olvidarla
y entre caña y caña
la recuerdo más!

No te apures, Carablanca,
que aquí, arriba del pescante,

mientras ando traqueteando
voy soñando como cuando
la conocí.
No te apures, Carablanca,
que no tengo quien me espere
como entonces, cuando iba
compadreando la alegría de ser feliz.

# PA´ QUE BAILEN LOS MUCHACHOS

*TANGO*
*1942*
LETRA DE ENRIQUE CADÍCAMO.
MÚSICA DE ANÍBAL TROILO.

*P*a´ que bailen los muchachos
via a tocarte, bandoneón.
¡La vida es una milonga!...
Bailen todos, compañeros
porque el baile es un abrazo;
Bailen todos, compañeros,
que este tango lleva el paso,
entre el lento ir y venir
del tango va
la frase dulce
y ella baila en otros brazos
Prendida,
rendida,
por otro amor...

No te quejes bandoneón.

Que me duele el corazón.
Quien por celos va sufriendo,
su cariño va diciendo.

No te quejes, bandoneón.

Que esta noche toco yo.
Pa´ que bailen los muchachos,
hoy te toco, bandoneón.
¡La vida es una milonga!

Ella fue como una madre,
ella fue mi gran cariño...
nos abrimos y no sabe
que hoy la lloro como un niño...
quién la  va saber querer
con tanto amor como la quise...

Pobre amiga... pobre piba...
¡Qué ganas más locas
de irte a buscar!
Pa´que bailen los muchachos
viá buscarte, bandoneón,
¡La vida es una milonga!...

## PAPA BALTASAR

*MI LONGA - CANDOMBE*
*1942*
*LETRA DE HOMERO MANZI.*
*MÚSICA DE SEBASTIÁN PIANA.*

*D*ormite mi niño Pedro
que está por llegar
envuelto de nube y cielo

papá Baltasar.
Llenita su alforja blanca
con cien matracas
con un tambor
y un trompo de cuerda larga
y un tren de carga
y un carretón.
Dormite mi niño Pedro
que está por llegar
al tranco de su camello
papá Baltasar.

Mi Pedro escribió una carta
papá Baltasar.
Y un ángel con alas blancas
la pudo llevar.
Mi niño ya está soñando
con la matraca,
con el tambor,
y el trompo de cuerda larga
y el tren de carga
y el carretón.
Dormite mi niño Pedro
que está por llegar
envuelto de nube y cielo
papá Baltasar.

Un ángel nació en Oriente
el pelo color de té,
lo acompañan dos palomas
y un burrito de Belén.
Tres reyes buscan su cuna
detrás de una estrella azul.
La madre, madre María,

y el niño, niño Jesús.
De mi niño, niño Pedro
no te vayas a olvidar
que mi niño es el más negro
y el más pobre, Baltasar.
El quiere un soldado nuevo
y una espada y un fusil
y para subir al cielo,
un globito de candil.
El quiere un payaso blanco,
también un ferrocarril.
Y un oso de pelo largo
y un gatito de aserrín.
De mi niño, niño Pedro,
no te vayas a olvidar.
Que mi niño es el más negro
y el más pobre, Baltasar.

## PEDACITO DE CIELO

*VALS*
*1942*
*LETRA DE HOMERO EXPOSITO.*
*MÚSICA DE HÉCTOR STAMPONI - ENRIQUE MARIO FRANCINI.*

*L* a casa tenía una reja
pintada con quejas y
cantos de amor;
la noche llenaba de ojeras
la reja, la hiedra, y le viejo balcón...
Recuerdo que entonces reías
si yo te leía mi verso mejor,
y ahora, capricho del tiempo,

leyendo esos versos
¡lloramos los dos!...

Los años de la infancia,
¡pasaron!... ¡pasaron!...
la reja está dormida de tanto silencio...
y en aquel pedacito de cielo
se quedó tu alegría y mi amor...
Los años han pasado
¡terribles!... ¡malvados!...
dejando esa esperanza que no ha de llegar

¡Y recuerdo tu gesto travieso
después de aquel beso
 robado al azar!...

Tal vez se enfrió con la brisa
tu cálida risa, tu límpida voz...
tal vez escapó a tus ojeras,
la reja, la hiedra, y el viejo balcón...
Tus ojos de azúcar quemada
tenían distancias doradas al sol!...
¡Y hoy quieres hallar como entonces,
la reja de bronce temblando de amor!...

# TRES AMIGOS

*TANGO*
*1942*
LETRA DE DOMINGO ENRIQUE CADÍCAMO.
MÚSICA DE ROSENDO LUNA.

*D*e mis páginas vividas
    siempre guardo un gran recuerdo;
mi emoción no las olvida,
pasa el tiempo y más me acuerdo.
Tres amigos siempre fuimos
en aquella juventud;
era el trío más mentado
que pudo haber caminado
por esas calles del Sur.
¿Dónde andará Pancho Alsina?
¿Dónde andará Balmaceda?
Yo los espero en la esquina
de Suárez y Necochea.

Hoy
ninguno acude a mi cita.
Ya
mi vida toma el desvío.
Hoy
la Guardia Vieja me grita
quién
ha dispersado ese trío.

Pero yo igual los recuerdo,
mis dos amigos de ayer...

Una noche, allá en Portones,
me salvaron de la muerte;
nunca faltan encontrones

cuando un pobre se divierte.
Y otra vez, allá en Barracas,
esa deuda les pagué.
Siempre juntos nos veían,
esa amistad nos tenía
atados siempre a los tres.

*Bello recuerdo; Portones se refiere a la actual Plaza Italia, y la puerta de ingreso al Parque 3 de Febrero.  Suarez y Necochea, era un clásico lugar de encuentro de aquella época.*

# EL ENCOPAO

*TANGO*
*(c.1942)*
LETRA DE ENRIQUE DIZEO.
MÚSICA DE OSVALDO PUGLIESE.

*M*e dicen "El Encopao"...
los que no saben lo que me ha pasao
y me ven hecho un cualquiera.
¡Que digan lo que digan
que ya no me hacen mella!
Me llaman "El Encopao"...
¡Como si el que anda así pierde el honor...!
y no piensan que el que mata
su rabia entre unas copas
tiene su razón.

¡Total que le importa a ella
que viva como yo vivo!
Metido siempre en el boliche de esa esquina

que ha dejado de ser tan linda
por su olvido...
¡Total que le importa a ella
que viva como yo vivo!
Mareo de caña y de recuerdos, noche y día,
que es mi amor.

Me dicen "El Encopao"...
y no es mentira que ando mal rumbeao.
¡Todo por una morocha
que marcó una güeya
de penas y de sombras...!
Me llaman "El Encopao"...
pero conmigo naide va' jugar
porque los hombres se encuentran,
y entonces, cara a cara,
hay que corajear...

*Interpretado por la orquesta de Pugliese con la voz de Mario Alonso en la película "Mis Cinco Hijos" estrenada el 2 de septiembre de 1948. Posteriormente, lo graba don Osvaldo en una versión instrumental y otra con la voz de Abel Córdoba a casi cuarenta años de su estreno.*

## BIEN CRIOLLA Y BIEN PORTEÑA
*MILONGA*
(C.1942)
LETRA DE HOMERO ALDO EXPÓSITO
MÚSICA DE ARMANDO PONTIER

*P*ara cantarle al amor
no se precisa experiencia;
se forma un nido entre dos
y lo demás...va sin letra.

Que así empecé esta milonga
bien criolla y bien porteña,
para cantarle al amor
que solo siento por ella.

Ella es triste como un tango
ella tiene gusto a menta
y es sencilla como el lazo
que me anuda a su tristeza.
Ella es como el mate amargo,
bien criolla y bien porteña
y es acorde en la guitarra
¡Que milonga milonguera
la canción de la esperanza
que el amor hace canción!

Para cantarle al amor
no se precisa experiencia;
hay que ser hombre de honor
y lo demás... no interesa.
Que al terminar la milonga,
bien criolla y bien porteña
para cantarle al amor
yo canto de esta manera.

# NEGRA MARIA

*MILONGA*
*(C.1942)*
*LETRA DE HOMERO MANZI.*
*MÚSICA DE LUCIO DEMARE.*

*B*runa, bruna
nació María

y está en la cuna.
Nació de día
tendrá fortuna.
Bordará la madre
su vestido largo.
Y entrará a la fiesta
con vestido blanco
y será la reina
cuando María
cumpla quince años.
Te llamaremos Negra María...
que abriste los ojos
en carnaval.
Ojos grandes tendrá María,
dientes de nácar, color moreno.
¡Ay que rojos serán tus labios,
qué cadencia tendrá tu cuerpo!
Vamos al baile, vamos María,
negra la madre, negra la hija.
Cantarán para vos
las guitarras y los violines
y los rezongos del badoneón...
Te llamaremos Negra María
que abriste los ojos en carnaval.

Bruna, bruna
murió María
y está en la cuna.
Se fue de día sin ver la luna.
Cubrirán tu sueño
con un paño blanco.
Y te irás del mundo
con un traje largo
y jamás ya nunca,

Negra María tendrás quince años.
Te lloraremos, Negra María...
Cerraste los ojos en carnaval.

¡Ay qué triste fue tu destino
ángel de mota, clavel moreno!
¡Ay qué oscuro será tu lecho!
¡Ay que silencio tendrá tu sueño!
Vas para el cielo, Negra María...
Llora la madre, duerme la niña.
Negra...Sangrarán para vos
las guitarras y los violines
y las angustias del bandoneón.
te lloraremos, Negra María
cerraste los ojos en carnaval...

## BIEN PULENTA

*TANGO*
*(C. 1943)*
LETRA DE CARLOS WAISS.
MÚSICA DE JUAN D´ARIENZO HÉCTOR VARELA.

*E*stoy hecho en el ambiente de muchachos calaveras,
 entre guapos y malandras me hice taura pa´tallar;
me he jugado sin dar pifia en bulines y carpetas,
me enseñaron a ser vivo muchos vivos de verdad...
No me gustan los boliches, que las copas charlan mucho
y entre tragos se deschava lo que nunca se pensó;
yo conozco tantos hombres que eran vivos y eran duchos
y en la cruz de cuatro copas se comieron un garrón...

Yo nunca fui shusheta
de pinta y fulería,
y sé lo que es jugarse
la suerte a una baraja
si tengo un metejón.
Le escapo a ese chamuyo
fulero y confidente
de aquellos que se sienten
amigos de ocasión.

Yo soy de aquellas horas
que laten dentro ´el pecho,
de minas seguidoras,
de hombres bien derechos
tallando tras cartón.

Siempre sé tener conducta por más contra que me busquen,
aunque muchos se embalurden que soy punto pa´currar.
Ando chivo con la yuta porque tengo mi rebusque
y me aguanto cualquier copo con las cartas que me dan.
No me gusta avivar giles que después se me hacen contra;
acostumbro a escuchar mucho, nunca fui conversador.
Y aprendí desde purrete que el que nace calavera
no se tuerce con la mala ni tampoco es batidor.

# FAROL

*TANGO*
*1943*
LETRA DE *HOMERO ALDO EXPÓSITO.*
MÚSICA DE *VIRGILIO HUGO EXPÓSITO.*

*U*n arrabal con casas
   que reflejan su dolor de lata...
Un arrabal humano,
con leyendas que se cantan como tangos...
Y un reloj que lejos da
las dos de la mañana...
Un arrabal obrero,
una esquina de recuerdos y un farol...

Farol,
las cosas que ahora se ven...
Farol,
ya no es lo mismo que ayer...
La sombra
hoy se escapa a tu mirada
y me deja más tristona
la mitad de mi cortada...
Tu luz
con el tango en el bolsillo
fue perdiendo luz y brillo
y es una cruz...

Allí conversa el cielo
con los sueños de un millón de obreros...
Allí murmura el viento
los poemas populares de Carriego...
Y cuando allá, a lo lejos, dan
las dos de la mañana,
el arrabal y parece
que se duerme repitiéndole al farol...

# GARÚA
## TANGO
### 1943
LETRA DE DOMINGO ENRIQUE CADÍCAMO.
MÚSICA DE ANÍBAL TROILO (ANÍBAL CARMELO TROILO).

*Q*ué noche llena de hastío de frío!
El viento trae un extraño lamento.
Parece un pozo de sombras, la noche;
y yo en las sombras camino muy lento.
Mientra tanto la garúa
se acentúa con sus púas
en mi corazón...
En esta noche tan fría y tan mía,
pensando siempre en lo mismo me abismo;
y aunque quiera yo arrancarla,
desecharla
y olvidarla,
la recuerdo más...

Garúa...
Solo y triste por la acera
va este corazón transido
con tristeza de tapera...
Sintiendo tu hielo,
porque aquélla con su olvido
hoy le ha abierto una gotera...
Perdido
como un duende que en la sombra
más la busca y más la nombra
Garúa...
Tristeza...
¡Hasta el cielo se ha puesto a llorar!

¡Qué noche llena de hastío y de frío!

No se ve a nadie cruzar por la esquina.
Sobre la calle, la hilera de focos
lustra el asfalto con luz mortecina.
Y yo voy como un descarte,
siempre solo,
siempre aparte,
recordándote...
Las gotas caen en el charco de mi alma;
hasta los huesos, calado y helado.
Y humillando este tormento
todavía pasa el viento
enpujándome...

## PERCAL

*TANGO*
*1943*
**LETRA DE HOMERO ALDO EXPÓSITO.**
**MÚSICA DE DOMINGO SERAFÍN FEDERICO.**

*P*ercal...
    ¿Te acuerdas del percal?
Tenías quince abriles,
anhelos de sufrir y amar,
de ir al Centro a triunfar
y olvidar el percal.
Percal...
Camino de percal...
Te fuiste de tu casa,
tal vez nos informamos mal;
sólo sé que al final
olvidaste el percal...

La juventud se fue,
tu casa ya no está;
y en el ayer, tirados
se han quedado,
acobardados,
tu percal y mi pasado...
La juventud se fue,
yo ya no espero más;
mejor, dejar perdidos
los anhelos
que no han sido
y el vestido de percal...

Llorar...
¿Por qué vas a llorar?
¿Acaso no has vivido?
¿Acaso no aprendiste a amar,
a sufrir, a esperar
y también a callar?
Percal...
Son cosas del percal
saber que estás sufriendo,
saber que sufrirás más
y saber que al final
no olvidaste el percal...

*Percal...*
Tristeza del percal...

*Contrariamente a lo que sucede con la mayoría de los autores del tango, quienes nos ocupan tenían formación universitaria. Domingo en medicina y Homero en filosofía. Escrita sobre una música preexisten Expósito quizo reflejar la historia de "Milonguita" o "Estercita", actualizada a la realidad imperante*

en los años 40. Lo estrenó la orquesta de Miguel Caló con la
voz de Alberto Podestá. En esa época, el autor de la música era
uno de los bandoneonistas de la formación.

## TAL VEZ SERÁ SU VOZ
*TANGO*
*1943*
LETRA DE HOMERO MANZI (HOMERO NICOLÁS MANZIONE PRESTERA).
MÚSICA DE LUCIO DEMARE.

*S*uena el fueye, la luz está sobrando;
se hace noche en la pista y sin querer
las sombras se arrinconan evocando
a Griseta, a Malena, a Mariester...
Las sombras que a la pista trajo el tango
me obligan a evocarla a mí también;
bailemos, que me duele estar soñando
con el brillo de su traje de satén.

¿Quién pena en el violín?
¿Qué voz sentimental
cansada de sufrir
se ha puesto a sollozar así?
Tal vez será tu voz,
aquella que una vez
de pronto se apagó...
¡Tal vez será mi alcohol,
tal vez...!
Su voz no puede ser,
su voz ya se durmió;
tendrán que ser, nomás,
fantasmas del alcohol.

Como vos, era pálida y lejana;
negro el pelo, los ojos verde gris.
Y también era su boca entre la luz del alba
una triste flor de carmín.
Un día no llegó... Quedé esperando...
Y luego me contaron su final...
Por eso con la sombra de los tangos
la recuerdo vanamente más y más...

*Nacido como "Tal vez será mi alcohol", la censura posó su
mano ciega, obligando la enmienda.*

# UNO
### TANGO
*1943*
LETRA DE ENRIQUE SANTOS DISCÉPOLO.
MÚSICA DE MARIANO MORES (MARIANO MARTÍNEZ).

*U*no busca lleno de esperanzas
el camino que los sueños
prometieron a sus ansias.
Sabe que la lucha es cruel y es mucha,
pero lucha y se desangra
por la fe que lo empecina.
Uno va arrastrándose entre espinas,
y en su afán de dar su amor
sufre y se destroza, hasta entender
que uno se ha quedao sin corazón.
Precio de castigo que uno entrega
por un beso que no llega
o un amor que lo engañó;
vacío ya de amar y de llorar
tanta traición...

Si yo tuviera el corazón,
el corazón que di;
si yo pudiera, como ayer,
querer sin presentir...
Es posible que a tus ojos,
que hoy me gritan su cariño,
los cerrara con mis besos
sin pensar que eran como esos
otros ojos, los perversos,
los que hundieron mi vivir...
Si yo tuviera el corazón,
el mismo que perdí;
si olvidara a la que ayer
lo destrozó y pudiera amarte...
Me abrazaría a tu ilusión
para llorar tu amor...

Pero Dios te trajo a mi destino
sin pensar que ya es muy tarde
y no sabré cómo quererte.
Déjame que llore como aquél
que sufre en vida la tortura
de llorar su propia muerte.
Pura como sos, habrías salvado
mi esperanza con tu amor.
Uno está tan solo en su dolor...
Uno está tan ciego en su penar...
Pero un frío cruel, que es peor que el odio,
punto muerto de las almas,
tumba horrenda de mi amor,
maldijo para siempre y se robó
toda ilusión...

# ASI SE BAILA EL TANGO

*TANGO*
*(c.1943)*
Letra de Marvil (Elizardo Martínez Vila)
Música de Elías Randal (Elías Rubinstein)

*Q*ué saben los pitucos, lamidos y sushetas!
¡Qué saben lo que es tango, qué saben de compás!
Aquí está la elegancia. ¡Qué pinta! ¡Qué silueta!
¡Qué porte! ¡Qué elegancia! ¡Qué clase pa' bailar!
Así se baila el tango, mientras dibujo el ocho,
para estas filigranas yo soy como un pintor.
Ahora una corrida, una vuelta, una sentada...
¡Así se baila el tango, un tango de mi flor!

Así se baila el tango,
sintiendo en la cara
la sangre que sube
a cada compás,
mientras el brazo,
como una serpiente,
se enrosca en el talle
que se va a quebrar.
Así se baila el tango,
mezclando el aliento,
cerrando los ojos
pa' escuchar mejor
cómo los violines
le cuentan a los fueyes
porqué desde esa noche
Malena no cantó...

¿Será mujer o junco, cuando hace una quebrada?
¿Tendrá resorte o cuerda para mover los pies?
Lo cierto es que mi prenda, que es mi "peor es nada",
bailando es una fiera que me hace enloquecer...
A veces me pregunto si no será mi sombra
que siempre me persigue, o un ser sin voluntad.
¿Pero es que yo he nacido así, pa' la milonga
y, como yo, se muere, se muere por bailar!

*Gran éxito de la década del 40, que dió origen al posterior*
*suceso de Alberto Castillo al desvincularse en el 43 de la*
*orquesta de Ricardo Tanturi. Su famoso señalar, desataba peleas*
*, discusiones e hilaridad entre el público masculino.*

## CADA DIA TE EXTRAÑO MAS

*TANGO*
*(C.1943)*
LETRA DE CARLOS BAHR
MÚSICA DE ARMANDO PONTIER

*H*e querido borrarte de mi vida
y en cada pensamiento
te encuentro cada día,
he querido callar mi sentimiento
mostrando indiferencia,
limando tu recuerdo.
He tratado de ahogar, con firme anhelo,
el grito de este amor, que es mi secreto.
y es ta noche, quebrando mis empeños,
ha roto mi silencio
la voz del corazón.

Cada día te quiero más,
y en mi afán te nombro.
Cada día te extraño más
a pesar de todo.
Cada día con cruel insistencia
tu imagen se agranda...se agranda y se aleja...
Y sé
que es muy tarde ya,
que he quedado solo,
solo a solas con mi propio error...
y te extraño más.

He rodado al azar por cien caminos
buscando inútilmente
perderte en el olvido,
he querido engañar mis propios sueños,
diciendo que es mentira
que me ata a tu recuerdo.
He tratado con vana indiferencia,
de ahogar mi corazoón y mi conciencia,
y esta noche que lloro tu recuerdo,
comprendo que no puedo
callar mi corazón.

## CRISTAL

*TANGO*
*LETRA DE JOSÉ MARÍA CONTURSI.*
*MÚSICA DE MARIANO MORES (MARIANO MARTÍNEZ).*

*T*engo el corazón hecho pedazos!
¡Rota mi emoción en este día!
Noches y más noches sin descanso,

y esta desazón del alma mía...
¡Cuántos, cuántos años han pasado;
grises mis cabellos y mi vida!
Loco, casi muerto, destrozado,
con mi espíritu amarrado
a nuestra juventud...

Más frágil que el cristal
fue mi amor junto a ti...
Cristal tu corazón,
tu mirar, tu reír...
Tus sueños y mi voz,
y nuestra timidez
temblando suavemente
en tu balcón...
Y ahora sólo sé
que todo se perdió
la tarde de mi ausencia.
Ya nunca volveré;
lo sé bien, nunca más...
¡Tal vez me esperarás
junto a Dios, más allá...!

¡Todo para mi se ha terminado!
¡Todo para mí se torna olvido!
¡Trágica enseñanza me dejaron
    esas horas negras que he vivido...

    ¡Cuántos, cuántos años han pasado;
    grises mis cabellos y mi vida!
    Solo, siempre solo y olvidado,
    con mi espíritu amarrado
    a nuestra juventud...

# MEDIA NOCHE

*TANGO*
*1944*
LETRA DE HÉCTOR GAGLIARDI.
MÚSICA DE ANÍBAL TROILO (ANÍBAL CARMELO TROILO).

*U*n reloj da las doce, las doce de la noche;
¡y que triste es , hermano, las horas escuchar
cuando estás olvidado en el lecho frío,
tan frío y tan triste que da el hospital...!
¡Las doce de la noche! ¿Qué harán los muchachos?
Tal vez - como siempre - jugando al billar,
o estarán de baile en algún casamiento...
¡Qué solo me siento, qué ganas de llorar...!

No es que me arrepienta hoy, que estoy enfermo;
quisiera decirles se sepan cuidar.
Mujeres y copas y noches de fiesta:
¡yo triunfé en todo eso, y aquí está el final!
¡Qué triste es , hermano, caer derrotado...!
Aquélla que ayer me jurara su amor
ni ha venido a verme, ya no le intereso...
Se enturbia mi vista, ¡que flojo que soy...!

Ya mañana es domingo y es día de visitas,
mas yo sé que una sola para mí ha de ser:
mi viejita querida, que por mí tanto sufre,
que tanto me dijo y yo no la escuché...
Lo siento por ella, la pobre, tan vieja...
¡A mí, que soy joven, me venga a cuidar!
¡Las doce de la noche...! ¡Que noche serena...!
¡Qué solo me siento, qué ganas de llorar...!

*Existe solo una versión interpretada por Troilo en la voz de Aldo Calderón. Es una toma radial, ya que Pichuco nunca aceptó grabarlo para sellos. Nombre disputado en el tango, existen más tangos bajo el mismo título.*

## LA VI LLEGAR

*TANGO*
*1944*
LETRA DE JULIÁN CENTEYA.
MÚSICA DE ENRIQUE MARIO FRANCINI.

*L*a vi llegar
  -caricia de su mano breve-...
La vi llegar
-alondra que azotó la nieve-.
Tu amor, puede decirse, se funde en el misterio
de un tango acariciante que gime por los dos.
Y el bandoneón
-rezongo amargo del olvido-
lloró su voz
que se quebró en la densa bruma.
Y en la esperanza,
tan cruel como ninguna,
la vi partir
sin la palabra del adiós.

Era mi mundo de ilusión
-lo supo el corazón
que aún recuerda siempre su extravío-.
Era mi mundo de ilusión
y se perdió de mí,
sumiéndome en la sombra del dolor.
hay un fantasma en la noche interminable,
hay un fantasma que ronda mi silencio.

es el recuerdo de su voz,
latir de su canción,
la noche de su olvido y su rencor.

La vi llegar
-murmullo de su paso leve-...
La vi llegar
-aurora que borró la nieve-...
perdido en la tiniebla, su paso vacilante
la busca en mi terrible camino de dolor.
Y el bandoneón
dice su nombre en su gemido,
con esa voz
que la llamó desde el olvido.
Y en este desencanto brutal que me condena
la vi partir sin la palabra del adiós.
La vi llegar
y en la distancia se perdió.

# NADA

*TANGO*
*1944*
LETRA DE HORACIO SANGUINETTI.
MÚSICA DE JOSÉ DAMES.

*H*e llegado hasta tu casa...
Yo no sé cómo he podido...
¡Si me han dicho que no estás,
que ya nunca volverás,
si me han dicho que te has ido...!
¡Cuánto nieve hay en mi alma!
¡Qué silencio hay en tu puerta!
Al llegar hasta el umbral,

un candado de dolor
me detuvo el corazón...

¡Nada, nada queda en tu casa natal!
Sólo telarañas que teje el yuyal...
El rosal tampoco existe
y es seguro que se ha muerto al irte tú...
¡Todo es una cruz...!
¡Nada, nada más que tristeza y quietud!
Nadie que me diga si vives aún...
¿Dónde estás, para decirte que hoy he vuelto arrepentido
a buscar tu amor...?

Ya me alejo de tu casa
y me voy yo ni sé dónde...
Sin querer te digo adiós,
y hasta el eco de tu voz
de la nada me responde...
En la cruz de tu candado
por tu pena yo he rezado,
y ha rodado en tu portón
una lágrima hecha flor
de mi pobre corazón.

# NARANJO EN FLOR

### TANGO
#### 1944
LETRA DE HOMERO ALDO EXPÓSITO.
MÚSICA DE VIRGILIO HUGO EXPÓSITO.

*E*ra más blanda que el agua,
que el agua blanda.
Era más fresca que el río,
naranjo en flor.

Y en esa calle de estío,
calle perdida,
dejó un pedazo de vida
y se marchó.

Primero hay que saber sufrir,
después amar, después partir
y, al fin, andar sin pensamientos.
Perfume de naranjo en flor,
promesas vanas de un amor
que se escaparon con el viento.
Después, ¿qué importa del después?
Toda mi vida es el ayer
que me detiene en el pasado.
¡Eterna y vieja juventud,
que me ha dejado acobardado
como un pájaro sin luz!

¿Qué le habrán hecho mis manos?
¿Qué le habrán hecho
para dejarme en el pecho
tanto dolor?
Dolor de vieja arboleda,
canción de esquina
con un pedazo de vida,
naranjo en flor.

# TRENZAS

*TANGO*
*1944*
*LETRA DE HOMERO ALDO EXPÓSITO.*
*MÚSICA DE ARMANDO PONTIER (ARMANDO FRANCISCO PUNTURERO).*

*T*renzas,
seda dulce de tus trenzas,
luna en sombra de tu piel
y de tu ausencia...
Trenzas que me ataron en el yugo de tu amor,
yugo casi blando de tu risa y de tu voz.
Fina
caridad de mi rutina,
me encontré tu corazón
en una esquina...
Trenzas
de color de mate amargo,
que endulzaron mi letargo gris...

¿A dónde fue tu amor de flor silvestre?
¿A dónde, a dónde fue después de amarte?
Tal vez mi corazón tenía que perderte
y así mi soledad se agranda por buscarte...
¡Y estoy llorando así,
cansado de llorar;
trenzado a tu vivir
con trenzas de ansiedad,
sin ti...!
¿Por qué tendré que amar
y al fin partir?

Pena,
vieja angustia de mi pena,
frase trunca de tu voz

que me encadena...
Pena que me llena de palabras sin rencor,
llama que te llama con la llama del amor.
Trenzas,
seda dulce de tus trenzas,
luna en sombra de tu piel
y de tu ausencia...
Trenzas,
nudo atroz de cuero crudo,
que me ataron a tu mudo adiós...

# YUYO VERDE

*TANGO*
*1944*
*Letra de Homero Expósito.*
*Música de Domingo Federico.*

*C*allejón ,callejón
    lejano, lejano...
íbamos perdidos de la mano
bajo un cielo de verano
soñando en vano...

Un farol, un portón
-igual que en un tango-
y los dos perdidos de la mano
bajo el cielo de verano
que partió...

Déjame que llore crudamente
con el llanto viejo del adiós...
donde el callejón se pierde

brotó ese yuyo verde
del perdón...

Déjame que llore y te recuerde
-trenzas que me anudan al portón-,
de tu país ya no se vuelve
ni con el yuyo verde
del perdón...

¿Dónde estás,
adónde te has ido?

¿Dónde están las plumas de mi nido,
la emoción de haber vivido
y aquel cariño?...

Un farol, un portón
-igual que en un tango-
y este llanto mío entre mis manos
y ese cielo de verano
que partió.

# AL COMPAS DEL CORAZON
*(LATE EL CORAZÓN)*
*TANGO*
*(C.1944)*
*LETRA DE HOMERO ALDO EXPÓSITO.*
*MÚSICA DE DOMINGO SERAFÍN FEDERICO.*

*L* ate un corazón
   Déjalo latir...
Miente mi soñar...
Déjame mentir...
Late un corazón,

porque he de verte nuevamente;
miente mi soñar,
porque regresas nuevamente.
Late un corazón...
¡Me parece verte regresar con el adiós!

Y al volver gritarás tu horror,
el ayer, el dolor, la nostalgia;
pero al fin bajarás la voz
y atarás tu ansiedad de distancias.
Y sabrás porqué late un corazón
al decir: -¡Qué feliz...!
Y un compás, y un compás de amor
unirá para siempre el adiós.
Ya verás, amor,
qué feliz serás...
¿Oyes el compás?
Es el corazón...
Ya verás que dulces son las horas del regreso;
ya verás, qué dulces los reproches y los besos...
¡Ya verás, amor,
qué felices horas al compás del corazón!

# CAFÉ DE LOS ANGELITOS

*TANGO*
*1945*
*LETRA Y MÚSICA DE CÁTULO CASTILLO (OVIDIO CÁTULO GONZÁLEZ CASTILLO)*
*Y JOSÉ FRANCISCO RAZZANO.*

*Y*o te evoco perdido en la vida
y enredado en los hilos del humo,

frente a un grato recuerdo que fumo
y a esta negra porción de café...
Rivadavia y Rincón, vieja esquina
de la antigua amistad que regresa
coqueteando su gris, en la mesa
que está meditando en sus noches de ayer.

¡Café de los Angelitos!
Bar de Gabino y Cazón...
Yo te alegré con mis gritos
en los tiempos de Carlitos,
por Rivadavia y Rincón.
¿Tras de qué sueños volaron?
¿En qué estrellas andarán?
Las voces que ayer llegaron
y pasaron y callaron,
¿dónde están?
¿Por qué calles volverán?

Cuando llueven las noches sus fríos,
vuelvo al mismo lugar del pasado
y de nuevo se sienta a mi lado
Betinotti, templando su voz...
Y en el dulce rincón que era mío,
su cansancio la vida bosteza.
¿Por qué nadie me llama a la mesa
de ayer?
¿Por qué todo es ausencia y adiós?

*Es un homenaje de los autores al viejo café del mismo nombre, sito en Rivadavia y Rincón. Allí se reunían los payadores Bettinotti e Higinio Cazón, entre otros, y los cantores Carlos Gardel y José Razzano. Su cercanía con el Mercado de Abasto lo convirtió en centro de reunión tanguera de ese entonces.*

# CANCIÓN DESESPERADA

*TANGO*
*1945*
**LETRA Y MÚSICA DE *ENRIQUE SANTOS DISCÉPOLO.***

*S*oy una canción desesperada!
¡Hoja enloquecida en el turbión!
Por tu amor, mi fe desorientada
se hundió destrozando mi corazón.

Dentro de mí mismo me he perdido,
ciego de llorar una ilusión.
¡Soy una pregunta empecinada
que grita su dolor y tu traición!

¿Por qué
me enseñaron a amar,
si es volcar sin sentido.
los sueños al mar?
Si el amor
es un viejo enemigo
que enciende castigo.
y enseña a llorar,
yo pregunto: -¡Por qué,
sí, por qué
me enseñaron a amar,
si al amarte mataba mi amor?
¡Burla atroz de dar todo por nada;
y al fin de un adiós, despertar
llorando!

¿Dónde estaba Dios cuando te fuiste?
¿Dónde estaba el sol, que no te vió?
¿Cómo una mujer no entiende nunca

que un hombre da todo dando su amor?
¿Quién les hace creer otros destinos?
¿Quién deshace así tanta ilusión?
¡Soy una canción desesperada
que grita su dolor y tu traición!

# DISCOS DE GARDEL

*TANGO*
*1945*
LETRA DE HORACIO SANGUINETTI.
MÚSICA DE EDUARDO DEL PIANO.

*N*o siento tanto que mi vida es triste y sola
cuando escucho en la victrola
viejos discos de Gardel.
Los tangos del ayer
reviven sin querer
amores marchitados por el tiempo
y casi olvido que mis sienes están grises
escuchando *Cicatrices*,
*Nunca más, Un tropezón,*
y trae la emoción
amarga del dolor
el tango *No te engañes, corazón.*

Dice la voz
sentimental
*Mi Buenos Aires querido*
y regresan los recuerdos
de mis vueltas por la vida
y de aquella vieja herida
de un amor.

En cada tango su huella
En cada tango mi estrella.
Y por eso mi alma llora
cuando escucho en la victrola
discos de Carlos Gardel.

¡Los discos viejos me recuerdan tantas cosas!
Calles viejas y barrosas
que ha olvidado el corazón...
La pálida canción
con cálida emoción
me lleva por las sombras de otros tiempos.
Es un puñado de recuerdos desteñidos
que del fondo del olvido
vuelven hoy a revivir.
Nostalgias de un querer,
el barrio del ayer
y rostros que ya nunca han de volver.

## FUIMOS

*TANGO*
*1945*
**LETRA DE HOMERO MANZI**
**MÚSICA DE JOSÉ DAMES.**

*F*ui como una lluvia de cenizas y fatigas
    en las horas resignadas de tu vida.
Gota de vinagre derramada
fatalmente derramada sobre todas tus heridas.
Fuiste, por mi culpa, golondrina entre la nieve,
rosa marchitada por la nube que no llueve.
Fuimos la esperanza que no llega, que no alcanza,

que no puede vislumbrar la tarde mansa.
Fuimos el viajero que no implora,
que no reza, que no llora, que se hechó a morir.

¡Vete...!
¿No comprendes que te estás matando?
¿No comprendes que te estoy llamando?
¡Vete...!
No me beses, que te estoy llorando
y quisiera no llorarte más...
¿No ves...?
Es mejor que mi dolor quede tirado con tu amor,
librado de tu amor final...
¡Vete...!
¿No comprendes que te estoy salvando?
¿No comprendes que te estoy amando?
No me sigas, ni me llames, ni me beses,
ni me llores, ni me quieras más...

Fuimos abrazados a la angustia de un presagio
por la noche de un camino sin salidas.
Pálidos despojos de un naufragio
sacudidos por las olas del amor y de la vida.
Fuimos empujados de un viento desolado,
sombras de una sombra que tornaba del pasado.
Fuimos la esperanza que no llega, que no alcanza,
que no puede vislumbrar la tarde mansa.
Fuimos el viajero que no implora,
que no reza, que no llora, que se echó a morir...

# MARGO
## TANGO
### 1945
**LETRA DE HOMERO ALDO EXPÓSITO.**
**MÚSICA DE ARMANDO PONTIER.**

*M*argo ha vuelto a la ciudad
con el tango más amargo.
Su cansancio fue tan largo
que el cansancio pudo más.
Varias noches el ayer
se hizo grillo hasta la aurora,
pero nunca como ahora
tanto y tanto hasta volver.
¡Qué pretende, a dónde va
con el tango más amargo?
¡Si ha llorado tanto Margo
que dan ganas de llorar!

Ayer pensó que hoy... Y hoy no es posible:
*La vida puede más que la esperanza.*

París
era oscura, y cantaba su tango feliz
sin pensar, pobrecita, que el viejo París
se alimenta con el breve
fin frutal de una magnolia
entre la nieve.
Después,
otra vez Buenos Aires;
y Margo otra vez
sin canción y sin fe...

Hoy me hablaron de rodar
y yo dije a las alturas:

-*Margo siempre fue más pura*
que la luna sobre el mar.
Ella tuvo que llorar
sin un llanto lo que llora,
pero nunca como ahora
sin un llanto hasta sangrar...
Los amigos ya no están,
son el son del tango amargo...
¡Si ha llorado tanto Margo
que dan ganas de llorar!

# MARÍA

*TANGO*
*1945*
*LETRA DE CÁTULO CASTILLO.*
*MÚSICA DE ANIBAL TROILO.*

Acaso te llamaras solamente María...
No sé si eras el eco de una vieja canción,
pero hace mucho, mucho, fuiste hondamente mía
sobre un paisaje triste, desmayado de amor...
El Otoño te trajo, mojando de agonía,
tu sombrerito pobre y el tapado marrón...
Eras como la calle de la melancolía,
que llovía... llovía sobre mi corazón...

¡María...!
En las sombras de mi pieza
es tu paso el que regresa...
¡María...!
Y es tu voz, pequeña y triste,
la del día en que dijiste:

*"Ya no hay nada entre los dos..."*
¡María!
¡La más mía...! ¡La lejana...!
¡Si volviera otra mañana
por las calles del adiós...!

Tus ojos eran puertos que guardaban ausentes
su horizonte de sueños y un silencio de flor...
Pero tus manos buenas regresaban presentes,
para curar mi fiebre, desteñida de amor...
Un Otoño te trajo... Tu nombre era María,
y nunca supe nada de tu rumbo infeliz...
¡Si eras como la calle de la melancolía,
que llovía... llovía, sobre la calle gris...!

*En una mesa de café una noche cualquiera, Pichuco y Cátulo
reflexionan acerca de la extranjería y lo ficticio de los nombres
en el tango. Y le sugiere a Cátulo "ya sé, hagamos un tango para
una mujer común, una María... del barrio... "Nació así, con
María...", su primera firma conjunta, el gran binomio autoral.*

## RONDANDO TU ESQUINA
*TANGO*
*1945*
LETRA DE DOMINGO ENRIQUE CADÍCAMO.
MÚSICA DE CHARLO (CARLOS JOSÉ PÉREZ DE LA RIESTRA).

*E*sta noche tengo ganas de buscarla,
de borrar lo que ha pasado y perdonarla...
Ya no me importa el que dirán,
ni de las cosas que hablarán;
total, la gente siempre habla...

Yo no pienso más que en ella a toda hora...
Es terrible esta pasión devoradora...
¡Y ella siempre sin saber,
sin siquiera sospechar
mis deseos de volver!

¿Qué me has dado, vida mía,
que ando triste noche y día?
Rondando siempre tu esquina,
mirando siempre tu casa...
¡Y esta pasión que lastima,
y este dolor que no pasa...!
¿Hasta cuándo iré sufriendo
el tormento de este amor...?

Este pobre corazón, que no la olvida,
me la nombra con los labios de su herida;
y ahondando más su sinsabor,
la mariposa del dolor
cruza en la noche de mi vida...
¡Compañeros, hoy es noche de verbena...!
Sin embargo, yo no puedo con mi pena,
y al saber que ya no está,
solo, triste y sin amor
me pregunto sin cesar...

*Este tango, éxito rotundo en toda hispanoamérica, registró más de 60 grabaciones sólo en México.*

# ADIOS PAMPA MIA

*TANGO*
*(c.1945)*
Letra de Ivo Pelay (Guillermo Juan Robustiano Pichot)
Música de Francisco Canaro (Francisco Canorozzo)
y Mariano Mores (Mariano Martínez)

*A*diós Pampa mía;
me voy...
Me voy a tierras extrañas...
Adiós, caminos que he recorrido,
ríos, montes y cañadas,
tapera donde he nacido...
Si no volvemos a vernos,
tierra querida,
quiero que sepas
que al irme dejo la vida.
¡Adiós...!

Al dejarte , Pampa mía,
ojos y alma se me llenan
con el verde de tus pastos
y el temblor de las estrellas,
con el canto de tus vientos
y el sollozar de vihuelas
que me alegraron a veces
y otras me hicieron llorar .

Adiós Pampa mía;
me voy camino de la esperanza...
Adiós, llanuras que he galopado,
sendas, lomas y quebradas,
lugares donde he soñado...
Yo he de volver a tu suelo
cuando presienta

que mi alma escapa
como palomahasta el cielo
¿Adiós...!

Me voy, Pampa mía...
¡Adiós...!

*Surgido de una de tantas comedias musicales protagonizadas por*
*Canaro, "El Tango en París", fue su primer intérprete Alberto*
*Arenas.*

# EL CHOCLO

*TANGO*
*1946*
LETRA DE ENRIQUE SANTOS DISCÉPOLO Y JUAN CARLOS MARAMBIO CATÁN.
MÚSICA DE ANGEL G. VILLOLDO.

*C*on este tango que es burlón y compadrito
se ató dos alas la ambición de mi suburbio;
con este tango nació el tango, y como un grito
salió del sórdido barrial buscando el cielo;
conjuro extraño de un amor hecho cadencia
que abrió caminos sin más ley que la esperanza,
mezcla de rabia, de dolor, de fe, de ausencia
llorando en la inocencia de un ritmo juguetón.

Por tu milagro de notas agoreras
nacieron, sin pensarlo, las paicas y las grelas,
luna de charcos, canyengue en las caderas
y un ansia fiera en la manera de querer...
Al evocarte, tango querido,
siento que tiemblan las baldosas de un bailongo
y oigo el rezongo de mi pasado...

Hoy, que no tengo más que a mi madre,
siento que llega en punta 'e pies para besarme
cuando tu canto nace al son de un bandoneón...

Carancanfunfa se hizo al mar con tu bandera
y en un pernó mezcló a París con Puente Alsina.
Fuiste compadre del gavión y de la mina
y hasta comadre del bacán y la pebeta.
Por vos shusheta, cana, reo y mishiadura
se hicieron voces al nacer con tu destino...
¡Misa de faldas, querosén, tajo y cuchillo,
que ardió en los conventillos y ardió en mi corazón!

*Originalmente compuesta su música hacia 1903, registra una letra del propio Villoldo y una posterior de Carlos Marambio Catán. Esta es la compuesta por Discepolín, que en definitiva caló en la memoria popular. Incluída en la película "Gran Casino" dirigida en 1947 por Luis Buñuel, el poeta redefinió esta letra luego de un penoso litigio con Marambio en el cual mediara el editor Perrotti, y a pedido de Libertad Lamarque que deseaba cantarla.*

## QUE SOLO ESTOY
*TANGO*
*1946*
**LETRA DE ROBERTO MIRÓ.**
**MÚSICA DE RAÚL KAPLÚN.**

*S*i al sentir que te perdía
si al saber que te quería
... como te dejé partir...
si al partir tú te llevaste

a mi alma hecha pedazos
y a mi nada me dejaste,
para no sufrir así.
Hoy que el tiempo ya ha pasado
y que solo me ha dejado
amarguras y dolor,
yo quisiera verte un día,
y tan solo demostrarte,
como vivo desde entonces,
... sin consuelo y sin amor!

Solo... espantosamente solo,
apurando en la copa de la vida
el sinsabor,
Pena de arrastrar esta condena,
que me mata y que me quema
este triste corazón.
Frío... de sentir adentro mío
primaveras perdidas
y que ya no volverán.
Miedo de saber que solo quedo,
... días nuestros que se fueron...
y que ya no volverán!...
Si encontrase en mi sendero
un amor que me salvara,
... pero como habrá de ser...
si ya todo es agorero,
si Dios quiso que te amara
y no quiere libertarme
del tormento del querer.
Andaré por los caminos
en un viaje por las sombras,
... que me alejarán de ti...
y las voces que te nombran

te unirán a mi destino
anudando a mis angustias,
... hasta el día de morir...!

*Verdadera musa del tango, el abandono de la pareja inspira al*
*autor, famoso locutor radial de la época. Produjo también "Me*
*quedé mirándola", del mismo tenor, inspirado seguramente en*
*las mismas circunstancias.*

## QUEMÁ ESAS CARTAS
### VALS
### 1946
#### LETRA DE JUAN PEDRO LÓPEZ.
#### MÚSICA DE ALBERTO COSENTINO.

*Q*uemá esas cartas donde yo he grabado
solo y enfermo, mi desgracia atroz,
que nadie sepa que te quise tanto,
que nadie sepa solamente Dios.

Quemalas pronto y que el mundo ignore
la inmensa pena que sufriendo está
un hombre joven que mató el engaño,
un hombre bueno que muriendo va.

Te amaba tanto que mi santa madre
casi la olvido por pensar en ti,
y mira ingrata como terminaron
todos los sueños que vivían en mí.

Yo ya no espero que tu amor retorne
al dulce nido donde ayer nació;

yo ya no creo que tu blanca mano
cierre la llaga que en mi pecho abrió.

Y te perdono... porque aquel que quiso
nunca maldice lo que ayer besó;
gime y arrastra sin tomar venganza
muere... en silencio... como muero yo.

Mas cuando en brazos de otro ser dichoso
caigas rendida de placer y amor
recuerda al menos que has dejado trunca
una existencia que mató el dolor.

*(Para mujer:)*
(Un alma joven que mató el engaño).
(Un alma buena que muriendo va).

# ROSICLER

*TANGO*
*1946*
LETRA DE FRANCISCO GARCÍA JIMÉNEZ.
MÚSICA DE JOSÉ BASSO.

*L*a vida es este río
que me arrastra en su corriente,
blando y yacente, lívida imagen...
De vuelta ya de todos los nostálgicos paisajes,
muerta la fe,
marchita la ilusión...
Me queda en este río
de las sombras sin riberas
una postrera,

dulce palabra...
Pálida esperanza entre el murmullo:
nombre tuyo... ¡Nombre tuyo...!
Dulce nombre fue tu amor...

Te llamabas Rosicler
como el primer
rayo del día,
y en los lirios de tu piel
todo mi ayer
se perfumó.
¡Ese ayer que me persigue
con su máscara terrible
de dolor y de imposibles!
Ya me voy, rubia mujer;
ya nunca más
he de volver...
Y en el río de las sombras
soy la sombra que te nombra,
mi Rocicler.
La vida está detrás, en un playa murmurante;
Virgen marina,
frente al Levante...
Debajo de un revuelo de primeras golondrinas
cuyo pregón
me oprime el corazón...
La vida está detrás, en la palabra luminosa
que era tu nombre,
de luz y rosa...
Esto que repito en el murmullo:
nombre tuyo... ¡Nombre tuyo...!
Mientras muero sin amor...

# SIN PALABRAS

*TANGO*
*1946*
*LETRA DE ENRIQUE SANTOS DISCÉPOLO.*
*MÚSICA DE MARIANO MORES (MARIANO MARTÍNEZ).*

*N*ació de ti
    buscando una canción que nos uniera,
y hoy sé que es cruel,
brutal, quizás, el castigo que te doy...
Sin palabras esta música va a herirte
donde quiera que la escuche tu traición;
la noche más absurda, el día más triste,
cuando estés riendo o cuando llore tu ilusión...

Perdóname si es Dios
quien quiso castigarte al fin,
si hay llantos
que pueden perseguir así,
si estas notas que nacieron por tu amor
al final son un silicio
que abre heridas de una historia...
¡Son suplicios! ¡Son memorias!
Fantoche herido, mi dolor
se alzará cada vez
que oigas esta canción...

Nació de ti
mintiendo entre esperanzas un Destino,
y hoy sé que es cruel,
brutal, quizás el castigo que te doy...
Sin decirlo, esta canción dirá tu nombre;
sin decirlo, con tu nombre estaré yo...
¡Los ojos casi ciegos de mi asombro,
junto al asombro de perderte y no morir!

# MIMÍ PINSÓN
## TANGO
### 1947
*LETRA DE JOSÉ RÓTULO.*
*MÚSICA DE AQUILES ROGGERO.*

*U*n día más,
    un año más,
que estoy perdido en la neblina...
En esa niebla de la noche parisina
que te alejaste para nunca retornar.
Yo te llamé
Mimí Pinsón,
yo te soñé en la novela de Musset
y te encontré después en mi destino...
¡Qué cortos fueron los caminos de los sueños
y qué vanos los empeños
por salvarte de la muerte!
Sigue la nieve castigando el ventanal,
y yo con esta soledad...
Mimí Pinsón,
aún te busco por las calles de París...
Igual que ayer
te veo y te presiento;
pero es inútil, ya no vienes a mi encuentro,
Mimí Pinsón...

Un año más
qué tu no estás,
y nuevamente la neblina
trae recuerdos de mis noches parisinas,
y en el recuerdo nuevamente vuelves tú...
Estás en mí,
te vuelvo a ver...

Y en mis delirios de poeta
beso tus manos y el manojo de violetas...
¡Igual que ayer, igual que hoy y siempre igual!

## ¡TARDE...!

*TANGO*
*1947*
LETRA Y MÚSICA DE JOSÉ CANET.

*D*e cada amor que tuve, tengo heridas,
heridas que no cierran y sangran todavía.
Error de haber querido ciegamente
matando inútilmente la dicha de mis días.
Tarde me di cuenta que al final se vive igual
fingiendo...
Tarde comprobé que mi ilusión se destrozó
queriendo...
¡Pobre amor que está sufriendo
la amargura más tenaz!
Y ahora que no es hora para nada
tu boca enamorada me incita una vez más.

Y aunque quiera quererte ya no puedo,
porque dentro del alma tengo miedo.
Tengo miedo que se vuelva a repetir
la comedia que me ha hundido en el vivir.
Todo lo que di,
todo lo perdí...
Siempre puse el alma entera
de cualquier manera
soportando afrentas
y al final de cuentas

me quedé sin fe.
De cada amor que tuve, tengo heridas,
heridas que no cierran y sangran todavía.
Error de haber querido ciegamente
perdido en un torrente de burlas y mentiras.
Voy en mi rodar sin esperar ni buscar amores...
Ya murió el amor porque el dolor le destrozó sus
flores...
Y aunque hoy llores y me implores
mi ilusión no ha de volver.
¡No ves que ya la pobre está cansada,
deshecha y maltratada por tanto padecer!

# EL ÚLTIMO ORGANITO

*TANGO*
*1948*
LETRA DE HOMERO MANZI.
MÚSICA DE ACHO MANZI.

*L*as ruedas embarradas del último organito
vendrán desde la calle buscando el arrabal
con un caballo flaco y un rengo y un monito
y un coro de muchachas vestida de percal.
Con pasos apagados elegirá la esquina
donde se mezclen luces de luna y almacén
para que bailen valses detrás de la hornacina
la pálida marquesa y el pálido marqués.

El último organito irá de puerta en puerta
hasta encontrar la casa de la vecina muerta,
de la vecina aquella que se cansó de amar.
Y allí molerá tangos para que llore el ciego,
el ciego inconsolable del verso de  Carriego,

que fuma, fuma y fuma sentado en el umbral.
Tendrá una caja blanca, el último organito;
y el alma del Otoño sacudirá su son,
y adornarán sus tablas cabezas de angelitos,
y el eco de su piano será como un adiós.
Saludarán su ausencia las novias encerradas
abriendo las persianas detrás de su canción,
y el último organito se perderá en la Nada,
y el alma del suburbio se quedará sin voz.

*Influido claramente por Troilo, Acho Manzi es un exponente de
la Nueva Guardia de los 50. Describe un Buenos aires de calles
de barro, presumiblemte situadas en Pompeya, que en franaca
retirada, le cedía paso a la modernidad. El transistor derrotaba
a la manivela del organillero.*

## SUR
*TANGO*
*1948*
LETRA DE HOMERO MANZI (HOMERO NICOLÁS MANZIONE PRESTERA).
MÚSICA DE ANÍBAL TROILO (ANÍBAL CARMELO TROILO).

San Juan y Boedo antigua, y todo el cielo...
   Pompeya y más allá la inundación...
Tu melena de novia en el recuerdo
y tu nombre florando en el adiós...
La esquina del herrero, barro y pampa;
tu casa, tu vereda y el zanjón,
y un perfume de yuyos y de alfalfa
que me llena de nuevo el corazón...

Sur,
paredón y después...

Sur,
una luz de almacén...
Ya nunca me verás como me vieras,
recostado en la vidriera,
esperándote...
Ya nunca alumbraré con las estrellas
nuestra marcha sin querellas
por las noches de Pompeya...
Las calles y la luna suburbana
y mi amor en tu ventana...
Todo ha muerto, ya lo sé...

San Juan y Boedo antigua, cielo perdido...
Pompeya, y al llegar al terraplén,
tus veinte años temblando de cariño
bajo el beso que entonces te robé...
Nostalgia de las cosas que han pasado...
arena que la vida se llevó...
Pesadumbre de barrios que han cambiado
y amargura del sueño que murió....

*Perteneciente a una trilogía de la que ofició como remate, y que se iniciara con "Barrio de Tango" en el 42, y el vals "Romance de Barrio" del 47. Tres años antes de la muerte de Homero acaecida en 1951, nace este "Sur", evocación sentida de un barrio y un tiempo que ya habían pasado. Estrenado por Nelly Omar en Montevideo, siendo la primera grabación la de Edmundo Rivero con la orquesta de Aníbal Troilo.*

# CAFETÍN DE BUENOS AIRES

*TANGO*
*1949*
LETRA DE ENRIQUE SANTOS DISCÉPOLO.
MÚSICA DE MARIANO MORES (MARIANO MARTÍNEZ).

*D*e chiquilín te miraba de afuera
como a esas cosas que nunca
se alcanzan...
La ñata contra el vidrio
en un azul de frío,
que solo fue después viviendo
igual al mío...
Como una escuela de todas las cosas,
ya de muchacho me diste entre asombros
el cigarrillo,
la fe en mis sueños
y una esperanza de amor...

¿Cómo olvidarte en esta queja,
cafetín de Buenos Aires,
si sos lo único en la vida
que se pareció a mi vieja?
En tu mezcla milagrosa
de sabihondos y suicidas,
yo aprendí filosofía, dados, timba
y la poesía cruel
de no pensar más en mí...
Me diste en oro un puñado de amigos,
que son los mismos que alientan mis horas:
José, el de la quimera;
Marcial, que aún cree y espera;
y el flaco Abel, que se nos fue,
pero aún me guía...
Sobre tus mesas que nunca preguntan

lloré una tarde el primer desengaño;
nací a las penas,
bebí mis años
y me entregué sin luchar...

*Originalmente incluída en la película "Corrientes Calle de Ensueño", dirigida por Román Viñoly Barreto y protagonizada por el músico.*

## UNA LÁGRIMA TUYA
*TANGO - MALAMBO*
*1949*
LETRA DE HOMERO MANZI.
MÚSICA DE MARIANO MORES.

*U*na lágrima tuya
　　me moja el alma
mientras rueda la luna
por la montaña.
Yo no sé si has llorado
sobre un pañuelo,
nombrándome,
nombrándome,
con desconsuelo.

La voz triste y sentida
de tu canción
desde otra vida
me dice adiós.
La voz de tu canción
que en el temblor
de las campanas
me hace evocar el cielo azul

de tus mañanas llenas de sol.

Una lágrima tuya
me moja el alma,
mientras gimen las cuerdas
de mi guitarra.
Ya no cantan mis labios
junto a tu pelo
diciéndote,
diciéndote,
lo que te quiero.

Tal vez con este canto
puedas saber
que de tu llanto
no me olvidé,
no me olvidé.

# CHE BANDONEÓN

*TANGO*
*1950*
*LETRA DE HOMERO MANZI.*
*MÚSICA DE ANÍBAL TROILO.*

*E*l duende de tu son, che, bandoneón,
se apiada del dolor de los demás;
y al estrujar tu fueye dormilón
se arrima al corazón que sufre más.
Esthercita y Mimí, como Ninón,
dejando sus destinos de percal,
vistieron, al final, mortajas de rayón
al eco funeral de tu canción.

Bandoneón,
hoy es noche de fandango
y puedo confesarte la verdad
copa a copa, pena a pena, tango a tango,
embalado en la locura
del alcohol y la amargura.
Bandoneón,
¿para qué nombrarla tanto?
¿No ves que está de olvido el corazón
y ella vuelve noche a noche como un canto
en las notas de tu llanto,
che, bandoneón...?

Tu canto es el amor que no se dió,
y el cielo que soñamos una vez,
y el fraternal amigo que se hundió
 cinchando en la tormenta de un querer,
y esas ganas tremendas de llorar
que a veces nos inunda sin razón,
y el trago de licor que obliga a recordar
que el alma está en orsái,
che, bandoneón...

*Creado por Henrich Band en Alemania en 1850, el fuelle llega
a nuestro precario puerto de carretas y caballos de agua con los
primeros inmigrantes hacia 1880. Es este, uno de los últimos
poemas escritos por Manzi en su lecho de enfermo del
Sanatorio Güemes.*

# DISCEPOLÍN

*TANGO*
*1950*
*LETRA DE HOMERO MANZI.*
*MÚSICA DE ANÍBAL TROILO.*

*S*obre el mármol helado, migas de medialuna
    y una mujer absurda que come en un rincón;
tu musa está sangrando y ella se desayuna,
el alba no perdona, no tiene corazón...
Al fin, ¿quién es culpable de la vida grotesca
y del alma manchada con sangre de carmín?
mejor es que salgamos antes de que amanezca,
antes de que lloremos, viejo Discepolín...

Conozco de tu largo aburrimiento
y comprendo lo que cuesta ser feliz,
y al son de cada tango te presiento
con tu talento enorme y tu nariz,
con tu lágrima amarga y escondida,
con tu careta pálida de clown
y con esa sonrisa entristecida
que florece en verso y en canción.

La gente se te arrima con su montón de penas
y tú las acaricias casi con un temblor;
te duele como propia la cicatriz ajena:
aquél no tuve suerte y ésta no tuvo amor...
La pista se ha poblado al ruido de la orquesta,
se abrazan bajo el foco muñecos de aserrín...
¿No ves que están bailando? ¿No ves que están de fiesta?
Vamos, que todo duele, viejo Discepolín...

# WHISKY

*TANGO*
1951
*LETRA Y MÚSICA DE HÉCTOR MARCÓ (HÉCTOR MARCOLONGO).*

*Yo* o sé que llorás por ella,
que estás enfermo de amor
y que no encontrás el beso
ni tan puro, ni tan dulce
como el que ella te dió;
yo sé que te estás matando
como un gil el corazón...
Lo sé porque lo he vivido
y, clavao en carne propia,
llevo tu mismo dolor.

¡Flojo! ¿Pa´ qué andás penando?
¡Flojo! ¡Cantále y viví !
¡Dále, que el mundo es un carro
tirao por, los sonsos
que quieren así!
¡Vamos! ¿No ves que ella ríe?
¡No es de este siglo llorar!
¡Vamos, mandate otro whisky;
total, la guadaña
nos va a hacer sonar!

Yo sé que del cuarto tuyo
vos arrancarla querés,
pero en cada rinconcito
flota algún recuerdo suyo
y entra en tu alma otra vez...
Lo sé porque de esos males
yo también sufro con vos,
pero es mejor que los calle,

porque en vez de consolarnos
vamos a llorar los dos...

*Frecuentemente se atribuye la música a Carlos Di Sarli.*

# CANZONETA

*TANGO*
*1951*
*LETRA DE ENRIQUE LARY.*
*MÚSICA DE ERMA SUÁREZ.*

*L*a Boca... Callejón... Vuelta de Rocha...
Bodegón... Genaro y su acordeón...

*Canzoneta*, gris de ausencia,
cruel malón de penas viejas
escondidas en las sombras del figón.
Dolor de vida... *¡Oh, mamma mía...!*
Tengo blanca la cabeza,
y yo siempre en esta mesa
aferrado a la tristeza del alcohol...

Cuando escucho "O Sole Mío",
senza mamma e senza amore,
siento un frío acá, en el cuore,
que me llena de ansiedad...
Será el alma de mi mamma,
que dejé cuando era niño...
¡Llora, llora, "O Sole Mío";
yo también quiero llorar...!

La Boca... Callejón... Vuelta de Rocha...

Ya se van  Genaro y su acordeón...

¡De mi ropa, qué me importa
si me mancho con las copas
que derramo en mi frenético temblor!
Soñé a Tarento en mil regresos,
pero sigo aquí, en la Boca,
donde lloro mis congojas
con el alma triste, rota, sin perdón...

*Estrenó Alfredo Gobbi cantado por Jorge Maciel en el cabaret Maipú Pigall, lugar en el que debutara con la orquesta de Héctor Varela, Raúl Lavié interpretando el vals "Señora Princesa".*

## PA´QUE SEPAN CÓMO SOY

TANGO
1951
LETRA DE NORBERTO AROLDI.
MÚSICA DE EMILIO GONZÁLEZ.

(*Recitado*)
*Abran cancha y no se atoren, que hay pa´todos y tupido.*
*Tome nota la gilada, que hoy da cátedra un varón;*
*y aunque nunca doy consejos, porque no soy engrupido,*
*quiero batir mi prontuario, pa´que sepan como soy...*

*N*o me gusta ser ortiba ni nací pa´lengua larga,
y aunque me apure la yuta sé callar en la ocasión.
No le doy bola a los grasas que me miran y se amargan;
conservando la distancia sé engrupir con distinción.
En la timba soy ligero, yo nací pa´l el escolaso;

no se afane la muñeca cuando sobra calidad.
Y conozco muchos vivos que cayeron en el lazo:
el que liga y se embalurda se deschava sin pensar.

> Pa´las pilchas soy de clase,
> siempre cuido mi figura;
> para conquistar ternura,
> hay que fingir posición.
> yo conozco bien el fato,
> para mí el chamuyo es juego;
> lo bato sencillo y reo
> pa´que sepan cómo soy.

Sé muy bien que entre los buscas hay algunos que me chivan
y me quieren dar la cana por envidia o por rencor;
pero para mí no hay contra, los dejo tragar saliva,
son borrados que no corren, son bagayos de ocasión.
Con guita cualquiera es vivo, son anzuelos los canarios;
la cuestión es ser un seco y que te llaman "señor".
Yo la voy de bacanazo, mas si junan mi prontuario
sabrán que soy sin más vueltas un porteño flor y flor.

*La presente es una muestra del talento de ese artista polifacético que fuera "el Flaco". Famoso como actor, director y autor de teatro, Aroldi hace su contribución a la poética ciudadana.*

# PASIONAL
*TANGO*
*1951*
LETRA DE MARIO SOTO
MÚSICA DE JORGE CALDARA

*N*o sabrás, nunca sabrás
lo que es morir mil veces
de ansiedad;
no podrás nunca entender
lo que es amar y enloquecer.
Tus labios que queman,
tus ojos que embriagan
y que torturan mi razón...
¡Sed que me hace arder
y que me enciende el pecho de pasión
Estás clavada en mí..
te siento en el latir
abrasador de mis sienes.
Te adoro cuando estás y te amo mucho más
cuando estás lejos de mí.

Así te quiero, dulce vida de mi vida...
Así te siento, sólo mía, siempre mía...

Tengo miedo de perderte,
de pensar que no he de verte...
¿Por qué esa duda brutal?
¿Por qué me habré de sangrar,
si en cada beso te siento desmayar?

Sin embargo me atormento
porque en la sangre te llevo;
y en cada instante, febril y amante
quiero tus labios besar.

¿Qué tendrás en tu mirar,
que cuando a mí tus ojos levantas
siento arder en mi interior
una voraz llama de amor?

Tus manos desatan caricias que me atan
a tus encantos de mujer...
¡Sé que nunca más
podré arrancar del pecho este querer!

Te quiero siempre así...
estás clavada en mí
como una daga en la carne
ardiente y pasional y temblando de ansiedad
quiero en tus brazos morir.

*Aunque había sido entregada a D´arienzo, quien lo estrenara y ejecutara en sus presentaciones en la voz de A. Laborde, nunca había sido grabado. Pugliese lo registra en el ´51 para la Odeón, en la memorable versión de Alberto Morán.*

# A HOMERO

*TANGO*
*(C.1952)*
LETRA DE CÁTULO CASTILLO
MÚSICA DE ANÍBAL TROILO

Fueron años de cercos y glicinas,
de la vida en orsai y el tiempo loco...
Tu frente triste de pensar la vida
tiraba madrugadas por los ojos...
Y estaba el terrraplén y todo el cielo,

la esquina del zanjón, la casa azul...
¿Todo se fue trepando su misterio
por los repechos de tu Barrio Sur!

Vamos,
vení de nuevo a las doce...
Vamos,
que está esperando Barquina...
Vamos,
¿no ves que Pepe esta noche,
no ves que el Viejo esta noche
no va a faltar a la cita...?

Vamos,
total, al fin, nada es cierto
y estás, hermano despierto
juntito a Discepolín...

Ya punteaba la muerte su milonga;
tu voz calló el adiós que nos dolía...
De tanto andar sobrándole a las cosas,
prendido en el final falló la vida...
¡Ya sé que no vendrás, pero, aunque cursi,
te esperará lo mismo el paredón
y el "tres y dos" de la parada inútil,
y el fraternal rincón de nuestro amor!

*Sentido homenaje a Don Homero Manzi, letra en la cual hace referencia a los amigos de paddock de Palermo: Pepe Razzano y el "Barquina" (Francisco Loiácono) que de ascensorista del diario Crítica, se convirtió en mito de la noche porteña.*

# LA CALESITA

TANGO
*1953*
LETRA DE CÁTULO CASTILLO (OVIDIO CÁTULO GONZÁLEZ CASTILLO).
MÚSICA DE MARIANO MORES.

*L*lora la calesita
de la esquinita sombría
y hace sangrar las cosas
que fueron rosas un día...
Mozos de punta y hacha
y una muchacha que me quería;
tango varón y entero,
más orillero que el alma mía...
Sigue llorando el fango
y en la esquinita palpita
con su dolor de tango
la calesita...

*¡Carancanfún! Vuelvo a bailar*
y al recordar una sentada,
soy un ranún que en la parada
de tu enagua almidonada
te batió:
*¡Carancanfún!*
Y el taconear, y la lustrada
sobre el pantalón,
cuando a tu lado , tirado,
tuve mi corazón...

Grita la calesita
su larga cuita maleva;
cita que por la acera
de Balvanera nos lleva.
Vamos de nuevo, amiga,

para que siga con vos bailando;
vamos, que en su rutina
la vieja esquina me está llamando...
Vamos, que nos espera
con su pollera marchita,
esta canción que rueda
la calesita...

## UN INFIERNO
*TANGO*
*1953*
*LETRA DE R. YISO.*
*MÚSICA DE FRANCISCO ROTUNDO.*

*E*l agravio de tus labios que juraron y engañaron
  embeleso de tu beso donde preso me quedé,
un zarpazo fue tu abrazo y tu piel de seda y raso
un infierno, cruel y eterno donde el alma me quemé...
El hastío con su frío hizo nido en todo mío
si quererte fue la muerte, el perderte es morir más
qué misterio es el cariño que en la cruz del abandono
todavía te perdono... y te quiero mucho más...

Clavaste...
sin temor, con toda el alma
a traición y por la espalda
un puñal, ¿y para qué?
no ves
que estoy herido y te sonrío
que aún te llamo cielo mío
y que aún beso tu puñal...
No lo ves

que pese a todo y contra todo
en el cielo o en el lodo
yo te quiero siempre igual!

Maldecirte, no seguirte, no quererte, aborrecerte
libertarme de tus manos -rosa fresca- no podré,
como un ciego tambaleo sin tu voz, sin tu sonrisa
cielo y brisa, tierra y todo me recuerda tu querer.
Siempre arde, noche y tarde, esa antorcha de tus ojos
en tu pelo soy abrojo que pretende ser clavel,
como hiedra que se aferra a la piedra, inevitable
de tu amor inolvidable aferrado me quedé...

## UNA CANCIÓN
*TANGO*
*1953*
*LETRA DE CÁTULO CASTILLO.*
*MÚSICA DE ANÍBAL TROILO.*

*L*a copa del alcohol hasta el final,
y en el final tu niebla bodegón...
Monótono y fatal
me envuelve el acordeón
con un vapor de tango que hace mal.
¡A ver, mujer!... Repite tu canción
con esa voz gangosa de metal,
que tiene olor a ron;
tu bata de percal,
y tiene gusto a miel
tu corazón...

Una canción,
que me mate la tristeza
que me duerme, que me aturda,
y en el frío de esta mesa
vos y yo: los dos en curda...
Los dos en curda,
y en la pena sensiblera
que me da la borrachera
yo te pido, cariñito
despacito, despacito,
tu canción una vez más...
La dura desventura de los dos
nos lleva al mismo rumbo, siempre igual
y ese loco vendaval
el viento de tu voz
que silba la tortura del final...
A ver, mujer... ¡Un poco más de ron!,
y ciérrate la bata de percal,
que vi tu corazón
desnudo en el cristal,
temblando al escuchar esa canción.

*Alguien hizo notar a Troilo que la melodía sonaba sutilmente parecida al tango "Que viejo estoy". Con tal motivo Pichuco renunció a los derechos de autor de este tema.*

# A MIS MANOS

*MILONGA*
*(C.1955)*
LETRA DE JULIO CAMILLONI
MÚSICA DE ALFREDO GOBBI.

*M*is manos nacieron ciegas
y acunan mis locos sueños.
No saben que se puede
tocar con ellas el cielo.
Por eso golpearon puertas
que a mis golpes no se abrieron.
Ella ya estaba lejana
y yo fui mendigo ciego.
Mis manos fueron dos llamas
y solas se consumieron
porque ella fue indiferente
como una estatua de hielo.
Por eso las tengo ahora
como si fueran de yeso,
dos manos desesperadas
aferradas a un recuerdo.

¡Ay, cómo se equivocaron
las ciegas manos que tengo!
Mis manos puse en las manos
de un amigo y tuve miedo.
No fueron manos leales,
se cumplió el presentimiento.
La vez que se hicieron puño
fueron dos puños de acero
y me golpearon el rostro
por no golpear rostro ajeno.

¡Ay, cómo se equivocaron
las ciegas manos que tengo!
Soldado del infortunio
llevo un brazalete negro.
¡Se llevaron a mi madre
y ellas no la detuvieron!
Fue el error mas lamenteble
que mis manos cometieron...
Ayudaron a llevarla...
¡Nunca sabrán lo que han hecho!
¡Ay, cómo se equivocaron
las ciegas manos que tengo!

*Julio Camilloni fue un orfebre tanto en su obra artesanal como en la poética. Grabado el 28 de marzo de '55 por la orquesta de Gobbi con la voz de Alfredo Del Río, recuerdan los milongueros que el baile se detenía con los primeros acordes de esta sentida milonga.*

# LA ÚLTIMA CURDA

*TANGO*
*1956*
LETRA DE CÁTULO CASTILLO.
MÚSICA DE ANÍBAL TROILO.

*L*astima, Bandoneón, mi corazón
tu ronca maldición maleva;
tu lágrima de ron me lleva
hasta el hondo bajo fondo
donde el barro se subleva...
Ya sé; no me digás, tenés razón:
la vida es una herida absurda

y es todo, todo tan fugaz
que es una curda, nada más,
mi confesión...

Contame tu condena,
decime tu fracaso,
¿no ves la pena que me ha herido?
Y hablame simplemente
de aquel amor ausente
tras un retazo del olvido.
Ya sé que me hace daño,
ya sé que me lastimo
llorando mi sermón de vino;
pero es el viejo amor
que tiembla, bandoneón,
y busca en el licor que aturda
la curda que al final
termine la función
corriéndole un telón
al corazón...

Un poco de recuerdo y sinsabor
gotea tu rezongo lerdo;
marea tu licor y arrea
la tropilla de la zurda
al volcar la última curda...
Cerrame el ventanal, que quema el sol
su lento caracol de sueño...
¿No ves que vengo de un país
que está de olvido, siempre gris,
tras el alcohol...?

*Cierto día, estando Rivero en casa de Pichuco, se asomaron al balcón de Paraná al 300. Y así, ensayando, estrenaron la misma, con la consiguiente paralización del tránsito por la muchedumbre asombrada.*

# AFICHES

*TANGO*
*(c.1956)*
LETRA DE HOMERO EXPÓSITO (HOMERO ALDO EXPÓSITO).
MÚSICA DE ATILIO STAMPONE.

*C*ruel en el cartel,
la propaganda manda cruel en el cartel...
Y en el fetiche de un afiche de papel
se vende una ilusión,
se rifa el corazón...
Y apareces tú,
vendiendo el último jirón de juventud,
cargándome otra vez la cruz...
Cruel en el cartel te ríes, corazón...
¡Dan ganas de balearse en un rincón!

Ya da la noche a la cancel
su piel de ojera;
ya moja el aire su pincel
y hace con el la Primavera...
Pero, ¿qué...?
¡Si están tus cosas, pero tu no estás!
Porque eres algo para todos ya,
como un desnudo de vidriera...
Luché a tu lado para tí,
¡por Dios!, y te perdí...

Yo te di un hogar...
Siempre fui pobre, pero yo te di un hogar...
Se me gastaron las sonrisas de luchar,
luchando para ti,
sangrando para ti...
Luego, la verdad,

que es restregarte con arena el paladar
y ahogarse sin poder gritar.
Yo te di un hogar... Fue culpa del amor...
¡Dan ganas de balearse en un rincón!

*A casi veinte años de compuesto y grabado, lo popularizó la
sentida interpretación de Roberto Goyeneche.*

## LA ULTIMA

*TANGO*
*1957*
LETRA DE JULIO CAMILLONI.
MÚSICA DE ANTONIO BLANCO.

*Y*a no puedo equivocarme, sos la última en mi vida,
y es la última moneda que me queda por jugar.
Si no gano tu cariño, la daré por bien perdida
ya que nunca más la vida me permitirá ganar.

Te confieso deslumbrado que no esperaba tal cosa.
Ya están luciendo mis sienes pinceladas de marfil,
ya mi patio abandonado no soñaba con la rosa
y se realizó el milagro con la última de abril.

Sos la última y espero que me traigas la ternura,
ésa que he buscado en tantas y que no puedo encontrar.
Ya no quiero pasionismo, ni amorío, ni aventura...
Yo te quiero compañera para ayudarme a luchar.

No me importa tu pasado ni soy quien para juzgarte
porque anduve a los sopapos con la vida yo también.
Además hay un motivo para quererte y cuidarte:
se adivina con mirarte que no te han querido bien.

Fue por eso que te dije, ya no puedo equivocarme.
sos la última que llega a perfumar mi rincón
y esas gotas de rocío que no te dejan mirarme
me están diciendo a las claras que alcancé tu corazón.

Pero si la mala suerte me acomoda el cachetazo
con que siempre está amagando para hacerme fracasar,
no podré sobreponerme a este último fracaso
y yo seré como un grillo muerto al pie de tu rosal.

*Según confesiones de su autor, se inspiró en el amor que tenía
en ese momento: una mujer incomparable.*

## MIENTRAS VIVA

*TANGO*
*1957*
LETRA DE EUGENIO MAJUL.
MÚSICA DE LUCIO DEMARE.

*A*l alba abrí las puertas de mis horas;
 al alba fuiste tú:
promesas y luces...
Y ahora están abiertas a un abismo
el más profundo y gris,
porque me huyes.
Acaso llegue a ti mi voz en tango,
en ella va una lágrima y un beso;
la lágrima por ti,
porque te amo,
y el beso porque en él te pierdo menos.
Mientras viva...
Mientras viva serás mi único anhelo
y ese tiempo de nardos que murió.

Antes hubo un sol en mis inviernos
y el río dialogaba con tu nombre;
antes el azúcar de tus besos
la boca me endulzaba día y noche.
Mientras viva...
Mientras viva estarás en mi desvelo
porque fuiste, al final, mi único amor.

Recuerdo que una vez los dos juramos
morir por ese amor
que nos ataba,
que entonces era un tiempo de sonrisas
en la pobreza azul
de nuestra casa.
No llora porque sí mi tango nuevo,
estás en su existencia y en la mía;
hoy hice para ti
sus pobres versos
que duelen casi más que mis heridas.

*Contrariamente a lo realizado con otros músicos, con Lucio Demare formó un tándem en el cual, y por su afinidad, escribía los versos a partir de una partitura que la precediera. actualmente este poeta está volcado a la lírica.*

# TE LLAMAN MALEVO

*TANGO*
*1957*
*LETRA DE HOMERO ALDO EXPÓSITO.*
*MÚSICA DE ANÍBAL TROILO (ANÍBAL CARMELO TROILO).*

*N*ació en un barrio con malvón y luna
donde la vida suele hacer gambetas,
y desde pibe fue poniendo el hombro
y anchó al trabajo su sonrisa buena.
La sal del tiempo le oxidó la cara
cuando una mina lo dejó en chancleta;
y entonces solo, para siempre solo,
largó el laburo y se metió en la huella.

¡Malevo,
te olvidaste en los boliches
los anhelos de tu vieja!
¡Malevo,
se agrandaron tus hazañas
entre copas de ginebra!
Por ella, tan sólo por ella,
dejaste una huella
de amargo rencor...
¡Malevo,
qué triste!
Jugaste y perdiste
tan sólo por ella,
que nunca volvió...

Tambor de taco, redoblando calles
para que entren las muchachas buenas,
y allí el silencio que mastica un pucho
dejando siempre la mirada a cuenta...
Dicen que dicen que una noche zurda

con el cuchillo deshojó la espera;
y entonces solo, como flor de orilla,
largó el cansancio y se mató por ella...

*Permanecerá en el misterio y seguirá dando tela para cortar por
los estudiosos, de por qué siendo amigos y ante el éxito de este
título, nunca volvió a repetirse éste binomio, quedando
solamente estos versos y ésta música como hijos del encuentro.*

# EL ÚLTIMO GUAPO

*TANGO*
*1958*
LETRA DE ABEL AZNAR.
MÚSICA DE RIEL (LEONARDO LÍPESKER).

Con el funyi tirao sobre el ojo
     y un amago de tango al andar,
sin apuro, sobrando de reojo,
el último guapo vendrá al arrabal.
Entrará por la calle angostita,
y al pasar frente al viejo portón,
silbará pa´ que vuelva a la cita
la piba que es dueña de su corazón.

El farolito perdido,
el callejón sin salida
y el conventillo florido
saldrán del olvido
de nuevo a la vida.
El almacén de los curdas,
la luna sobre el puñal,
una caricia y un beso

serán el regreso
del viejo arrabal.

Con un fueye que es puro rezongo
y dos violas cinchando al costao,
otra vez del antiguo bailongo
el último guapo será el envidiao.
Jugará con desprecio su vida
por el sol de un florido percal,
y se irá sin llevar ni una herida
el último guapo del viejo arrabal.

## SUEÑO DE BARRILETE
*TANGO*
*1960*
LETRA Y MÚSICA DE ELADIA BLAZQUEZ.

A SUSANA RINALDI

*P*restale tu piolín
a los pebetes,
que nadie remontó mejor
mi barrilete.

Desde chico ya tenía en el mirar
esa loca fantasía de soñar,
fue mi sueño de purrete
ser igual que un barrilete
que elevándose entre nubes
con un viento de esperanzas sube, y sube.
Y crecí en ese mundo de ilusión,
y escuché sólo a mi propio corazón,

más la vida no es juguete
y el lirismo es un billete sin valor.

Yo quise ser un barrilete
buscando altura en mi ideal,
tratando de explicarme
que la vida es algo más
que darlo todo por comida.
Y he sido igual que un barrilete,
al que un mal viento puso fin,
no sé si me falló la fe, la voluntad,
o acaso fue que me faltó piolín.

En amores sólo tuve decepción,
regalé por no vender mi corazón,
hice versos olvidando
que la vida es sólo prosa dolorida
que va ahogando lo mejor
y abriendo heridas, ¡ay! la vida.
Hoy me aterra este cansancio sin final,
hice trizas mi sonrisa de cristal,
cuando miro un barrilete
me pregunto: ¿aquel purrete dónde está?

*Grabado también por Rolando Laserie como "Sueño de papilote", nombre como se conoce al barrilete en centroámerica.*

# EL ULTIMO CAFE

*TANGO*
*1963*
*LETRA DE CÁTULO CASTILLO.*
*MÚSICA DE HÉCTOR STAMPONI.*

*L*lega tu recuerdo en torbellino.
Vuelve en el otoño a atardecer...
Miro la garúa y mientras miro
gira la cuchara de café...
Del último café
que tus labios, con frío
pidieron esa vez
con la voz de un suspiro...
Recuerdo tu desdén,
te evoco sin razón,
te escucho sin que estés:
"Lo nuestro terminó",
dijiste en un adiós
de azúcar y de hiel...
Lo mismo que el café,
que el amor, que el olvido,
que el vértigo final
de un rencor sin porqué...
Y allí con tu impiedad,
me vi morir de pie,
medí tu vanidad
y entonces comprendí mi soledad
sin para qué...
Llovía, y te ofrecí el último café.

*Surgida de los por entonces famosos concursos del laboratorio Odol.*

# YO SOY DEL TREINTA

*TANGO*
*1963*
*LETRA DE HÉCTOR MENDEZ*
*MÚSICA DE ANÍBAL TROILO (PICHUCO).*

Yo soy del treinta...
cuando a Yrigoyen lo embalurdaron.
Yo soy del treinta.
cuando a Carlitos se lo llevaron,
cuando a Corrientes me la ensancharon
cuando la vida me hizo sentir...

Yo soy del tiempo que me enseñaron
las madrugadas, lo que es sufrir,
y desde entonces tuve de amigos
a Homero Manzi y Discepolín.

Y así he vivido
sin claudicar.
A veces bien
a veces mal...
Yo soy un cacho de Buenos Aires
hecho a cortada y Diagonal.

Yo soy del tiempo que Enrique Muiño
que Enrique Muiño, me enseñó el truco
y desde entonces,
yo sigo siendo fiel a Pichuco.


Cuando la mano bien se apretaba
cuando eran pocos los que fallaban.

Yo soy del tiempo que me enseñaron
Muiño y Alippi lo que es vivir...
Y desde entonces con ellos quiero
A Homero Manzi y Discepolín.

*Clásico actor de teatro, amigo y seguidor de Troilo, devenido a poeta de trasnoche, Héctor Méndez estampa su firma en estos versos.*

# NUESTRO BALANCE
## TANGO
### 1965
LETRA Y MÚSICA DE CHICO NOVARRO (BERNARDO MITNIK).

*S*éntemonos un rato en este bar
a conversar serenamente.
Echemos un vistazo desde aquí
a todo aquello que pudimos rescatar.
Hagamos un balance del pasado
como socios arruinados
sin rencor.
Hablemos sin culparnos a los dos
porque al final salvamos lo mejor.

Ha pasado sólo un año
y el adiós abrió su herida;
un año nada más,
un año gris
que en nuestro amor duró una vida.
Lentamente fue creciendo
la visión de la caída.
La sombra del ayer
nos envolvió

y no atinamos a luchar...
¡No ves!
Estoy gritando sin querer
porque no puedo contener
esta amargura que me ahoga.
Perdona, no lo puedo remediar...
Mi corazón se abrió de par en par...

# CONTAME UNA HISTORIA

*TANGO*
*1966*
LETRA DE ALFREDO MARIO IAQUINANDI.
MÚSICA DE ELADIA BLÁZQUEZ.

*V*os que tenés labia, contáme una historia.
 Metéle con todo, no te hagas rogar.
Frenáme  este absurdo girar en la noria
moliendo una cosa que llaman "verdad"...

Contáme una historia distinta de todas;
un lindo balurdo que invite a soñar.
Quitáme esta mufa de verme por dentro
y este olor a muerte de mi soledad...

Contáme una historia...
Mentíme al oído
la fábula dulce de un mundo querido, soñado y
mejor...
Abríme una puerta por donde se escape
la fiebre del alma que huele a dolor...
Contáme una historia
vos, que sos mi hermano,

volcáme en la curda que me haga sentir
que aunque el mundo siga yirando a los tumbos,
aún vale la pena jugarse y vivir...

Batíme que existen amigos derechos,
mujeres enteras que saben querer.
Y tipos con tela que se abren el pecho,
si ven que la vida te puso en el riel...

Contáme la justa de un lecho de rosas.
¡Estoy tan cansado de andar por andar!...
Contáme una historia con gusto a otra cosa,
y en la piel del alma ponéme un disfraz...

## MADRUGADA

*TANGO*
*1966*
*LETRA Y MÚSICA DE FERNANDO ROLÓN.*

*E*stoy sentado a mi mesa
    oyendo un tango que nadie escucha.
Casi las cinco de la matina
y hay un recuerdo que me hace burla.
En la ginebra aburrida
voy evocando mi vida...
Y detrás del ventanal,
el desfile matinal
de los que ganan su pan.

La noche ya larga el mazo
y talla la madrugada,
con un sol medio dormido

que alumbra el tranco aburrido
del botón de la parada
y un punto trasnochador
de silbo y taco al compás
se va de atorro al comboy.

En mil estaños nocheros
y en escolazos de madrugadas
palmé una vida, casi vacía,
y hoy que hago cuentas no tengo nada.
En la ginebra aburrida
sigo evocando mi vida
y la bronca de saber
que los años que se van
ya nunca podrán volver.

*Habitualmente aparece en partituras y discos, firmado por Rolón, E. Baffa y A. de la Torre. En rigor de verdad es en un todo de Rolón; sus cantores, lo son debido a un favor que se le hiciera a Don Fernando en sus horas postreras.*

## EL CUARENTA Y CINCO

*TANGO*
*1967*
LETRA Y MÚSICA DE MARÍA ELENA WALSH.

*T*e acordás, hermana, qué tiempos aquellos? La
vida nos daba la misma lección...
En la Primavera del cuarenta y cinco
tenías quince abriles, lo mismo que yo.
¿Te acordás, hermana, de aquellos cadetes,
el primer bolero y el té en El Galeón,

cuando los domingos la lluvia traía
la voz de Bing Crosby y un verso de amor?

¿Te acordás de la Plaza de Mayo,
cuando *"El Que Te Dije"* salía al balcón?
¡Tanto cambió todo, que el sol de la infancia
de golpe y porrazo se nos alunó!
¿Te acordás, hermana, qué tiempos de seca,
cuando un pobre peso daba el estirón,
y al pagarnos toda una edad de rabonas
valía más la vida que un millón de hoy?
¿Te acordás, hermana, que desde muy lejos
un olor a espanto nos enloqueció?
Era de Hiroshima, donde tantas chicas
tenían quince años, como vos y yo.
¿Te acordás que - más tarde - la vida
vino en tacos altos y nos separó?
Ya no compartimos el mismo tranvía,
sólo nos reúne la buena de Dios...

## LA ULTIMA GRELA

*TANGO*
*1967*
LETRA DE HORACIO FERRER.
MÚSICA DE ASTOR PIAZZOLLA.

*D* el fondo de las cosas y envuelta en una estola
del frío, con el gesto de quien se ha muerto
mucho,
vendrá la última grela, fatal, canyengue y sola,
taqueando entre la pampa tiniebla de los puchos.

Con vino y pan del tango tristísimo que Arolas

callará junto al barro cansado de su frente,
le harán su misa rea los fueyes y las violas,
zapando a la sordina, tan misteriosamente.

Despedirán su hastío, su voz, su melodrama,
las pálidas rubionas de un cuento de Tuñón,
y atrás de los portales sin sueño, las madamas,
de trágicas melenas, dirán su extremaunción.

Y un sordo carraspeo de esplín y de macanas,
tangueándole en el alma le quemará la voz,
y muda y de rodillas se venderá sin ganas,
sin vida, y por dos pesos, a la bondad de Dios.

Traerá el olvido puesto; y allá en los trascartones
del alba el mal, de luto, con cuatro besos pardos,
le hará una cruz de risas y un coro de ladrones
muy viejos en sus extrañas novelas de lunfardo.

Qué sola irá la grela, tan última y tan rara,
sus grandes ojos grises trampeados por la suerte,
serán sobre el tapete raído de su cara.
los dos fúnebres ases cargado de la muerte.

## BALADA PARA MI MUERTE
### (MORIRÉ EN BUENOS AIRES)
### 1968
### LETRA DE HORACIO FERRER.
### MÚSICA DE ASTOR PIAZZOLLA.

*M*oriré en Buenos Aires, será de madrugada,
guardaré mansamente las cosas de vivir,

mi pequeña poesía de adioses y de balas,
mi tabaco, mi tango, mi puñado de esplín.
Me pondré por los hombros, de abrigo, toda el alba,
mi penúltimo whisky quedará sin beber,
llegará, tangamente, mi muerte enamorada,
yo estaré muerto, en punto, cuando sean las seis.

Hoy que Dios me deja de soñar,
a mi olvido iré por Santa Fé,
sé que en nuestra esquina vos ya estás
toda la tristeza, hasta los pies.
Abrazame fuerte que por dentro
me oigo muertes, viejas muertes,
agrediendo lo que amé.
Alma mía, vamos yendo,
llega el día, no llorés.

Moriré en Buenos Aires, será de madrugada,
que es la hora en que mueren los que saben morir.
Flotará en mi silencio la mufa perfumada
de aquel verso que yo nunca te supe decir.

Andaré tantas cuadras y allá en la plaza Francia,
como sombras fugadas de un cansado ballet,
repitiendo tu nombre por una calle blanca,
se me irán los recuerdos en puntita de pie.

Moriré en Buenos Aires, será de madrugada,
guardaré mansamente cosas de vivir,
mi pequeña poesía de adioses y de balas,
mi tabaco, mi tango, mi puñado de esplín.

Me pondré por los hombros, de abrigo, toda el alba,
mi penúltimo whisky quedará sin beber,
llegará, tangamente, mi muerte enamorada,

yo estaré muerto, en punto, cuando sean las seis,
cuando sean las seis ¡Cuándo sean las seis!

## BALADA PARA UN LOCO

*TANGO*
*1968*
LETRA DE HORACIO FERRER.
MÚSICA DE ÁSTOR PANTALEÓN PIAZZOLLA.

*(Recitado)*
*Las tardecitas de Buenos Aires tienen ese "qué sé yo",*
*¿viste? Salís de tu casa, por Arenales; lo de siempre,*
*en la calle y en vos... Cuando de repente, de atrás de*
*un árbol, me aparezco yo... Mezcla rara de*
*penúltimo linyera y de primer polizón en el viaje a*
*Venus: medio melón en la cabeza, las rayas de la*
*camisa pintadas en la piel, dos medias suelas*
*clavadas en los pies y una banderita de taxi libre*
*levantada en cada mano. ¡Té reís...! Pero sólo vos me*
*ves, porque los manequíes me guiñan, los semáforos*
*me dan tres luces celestes y las naranjas del frutero*
*de la esquina me tiran azahares... ¡Vení...! Que así -*
*medio bailando y medio volando- me saco el melón*
*para saludarte, te regalo una banderita y te digo:*

*Y*a sé que estoy piantao, piantao, piantao...
¿No ves que va la luna rodando por Callao,
que un coro de astronautas y niños, con un vals,
me baila alrededor? ¡Bailá, vení! ¡Volá!
Yo sé que estoy piantao, piantao, piantao...
Yo miro a Buenos Aires del nido de un gorrión,
y a vos te vi tan triste... ¡Vení, volá! ¡Sentí!

¡Loco, loco, loco...!
Cuando anochezca en tu porteña soledad,
por la ribera de tu sábana vendré
con un poema y un trombón
a desvelarte el corazón.
¡Loco, loco, loco...!
Como un acróbata demente saltaré
sobre el abismo de tu escote, hasta sentir
que enloquecí tu corazón de libertad.
¡Ya vas a ver!

*(Recitado)*
*Salgamos a volar, querida mía;*
*subite a mi ilusión supersport*
*y vamos a correr por las cornisas*
*con una golondrina en el motor.*
*De Vieytes nos aplauden: -¡Viva, viva...!*
*los locos que inventaron el Amor,*
*y un ángel y un soldado y una niña/*
*nos dan un valsecito bailador...*
*Nos sale a saludar la gente linda;*
*y loco -pero tuyo, ¡qué se yo!-*
*provoco campanarios con la risa*
*y al fin te miro y canto a media voz:*

Queréme así piantao, piantao, piantao...
Abrite los amores, que vamos a intentar
la mágica locura total de revivir...
¡Vení, volá! ¡Vení! ¡Tralalalarará...!
¡Viva, viva, viva...!

¡Loca ella y loco yo...!
¡Locos, locos, locos...!
¡Loca ella y loco yo...!

*Dado a conocer al público en el Festival Municipal del Tango realizado en el Luna Park ese mismo año, elegido como el 2do. premio, detrás de "Hasta el Último tren" de Camilloni y Ahumada.*

# BUENOS AIRES CONOCE

*TANGO*
*1968*
LETRA DE RUBÉN GARELLO.
MÚSICA DE RAÚL GARELLO.

Buenos Aires conoce mi aturdida ginebra,
el silbido más mío, mi gastado camino...
Buenos Aires recuerda mi ventana despierta,
mis bolsillos vacíos, mi esperanza de a pie.
Buenos Aires conoce mi mujer y mi noche,
mi café y mi cigarro, mi comida y mi diario.
Buenos Aires me tiene apretado a su nombre,
atrapado en sus calles, ambulando su piel.

Refugio de mis largas madrugadas,
abrigo de mi verso y de mi sino.
Su cielo de gorrión, su luna triste
son cosas que también viven conmigo.
Esquina de las cuadras de mi vida,
guarida de mis sueños más absurdos,
embarcadero gris de mi ambición de luz,
secreta latitud de mi canción.

Inventor del misterio, bandoneón gigantesco,
Buenos Aires escucha mi silencio y mi lucha.
Él recuerda conmigo las monedas azules

y me presta el olvido de su ir y venir.
Sus gorriones sin techo, su cintura de río
son también algo mío, yo también los respiro.
Buenos Aires es un duende, una copa de vino,
ese amigo sin nombre que se encuentra al azar.

# CHIQUILÍN DE BACHÍN

*(VALS)*
*1968*
LETRA DE HORACIO FERRER
MÚSICA DE ASTOR PIAZZOLLA

*P*or las noches, cara sucia
de angelito con bluyín,
vende rosas por las mesas
del boliche de Bachín.
Si la luna brilla
sobre la parrilla,
come luna y pan de hollín.

Cada día de su tristeza
que no quiere amanecer,
lo madruga un seis de enero
con la estrella del revés,
y tres reyes gatos
roban sus zapatos,
uno izquierdo y el otro ¡también!

Chiquilín,
dame un ramo de voz,
así salgo a vender

mis vergüenzas en flor.
Baléame con tres rosas
que duelan a cuenta
del hambre que no te entendí,
Chiquilín.

Cuando el sol pone a los pibes
delantales de aprender,
él aprende cuánto cero
le quedaba por saber.
Y a su madre mira,
yira que te yira,
yira que te yira,
pero no la quiere ver.

Cada aurora, en la basura,
con un pan y un tallarín,
se fabrica un barrilete
para irse ¡y sigue aquí!

Es un hombre extraño,
niño de mil años,
que por dentro le enreda el piolín.

Chiquilín,
dame un ramo de voz,
así salgo a vender
mis vergüenzas en flor.
Baléame con tres rosas
que duelan a cuenta
del hambre que no te entendí,
Chiquilín.

# HASTA EL ULTIMO TREN

*TANGO*
*1969*
LETRA DE *JULIO CAMILLONI.*
MÚSICA DE *JULIO AHUMADA.*

*A*mo los andenes de la espera,
la poesía de los rieles
que la luna replantea...
Amo los andenes suburbanos
de estaciones patinadas
por el tiempo y los olvidos.
Amo la garita y las barreras,
amo el tren que se despide
y amo el tren en que tú llegas...
Y mi vida se ilumina,
volvedora golondrina,
cuando estás para llegar.

Tu amor de golondrina que llega así, en mi ocaso,
me hace querer las cosas que no supe querer
y quiero los hogares donde esperé tu paso
con una rosa blanca luciendo en cada sien.

Distintas emociones: llegada y despedida,
alargada mi sombra en desolado andén
cuando agito mi mano después de tu partida
o cuando espero en vano hasta el último tren.

Amo los andenes de la espera,
las señales en la noche
y tus alas de viajera...
Celo cuando pienso que otro anhelo
te desvíe de mi rumbo
y me lleve hacia otro cielo.

Lloro de pensar que otro verano
un andén abandonado
me verá esperando en vano
y el dolor se hará presente
cuando inexorablemente
ya no tenga qué esperar.

*Surgido de uno de los tantos concursos televisivos. Interpretado en su estreno por Jorge Sobral, se impuso a "Balada para un Loco" de Ferrer y Piazzola.*

# CAFE "LA HUMEDAD"
### TANGO
### 1972
LETRA Y MÚSICA DE CACHO CASTAÑA (HUMBERTO VICENTE CASTAGNA).

Humedad... Llovizna y frío...
Mi aliento empaña el vidrio azul del viejo bar...
No me pregunten si hace mucho que la espero;
un café que ya está frío y hace varios ceniceros...
Aunque sé que nunca llega,
siempre que llueve voy corriendo hasta el café
y sólo cuento con la compañía de un gato,
que al cordón de mi zapato lo destroza con placer.

Café la Humedad, billar y reunión;
sábado con trampas, ¡qué linda función!
Yo solamente necesito agradecerte
la enseñanza de tus noches
que me alejan de la muerte...
Café la Humedad, billar y reunión;
dominó con trampas, ¡qué linda función!

Yo simplemente te agradezco las poesías
que la escuela de tus noches
le enseñaron a mis días...

Soledad de soltería...
Son treinta abriles ya cansados de soñar...
Por eso vuelvo hasta la esquina del boliche
a buscar la barra eterna de Gaona y Boyacá.
Ya son pocos los que quedan...
¡Vamos, muchachos, esta noche a recordar
una por una las hazañas de otros tiempos
y el recuerdo del boliche que llamamos La Humedad!

*Si bien la letra cita a la avenida Gaona y Boyacá, la realidad es
que por un problema de rima, la esquina de la calle Andrés
Lamas se mudó dos cuadras al oeste.*

## SI BUENOS AIRES NO FUERA ASI

*TANGO*
*1973*
LETRA Y MÚSICA DE ELADIA BLAZQUEZ.

*B*uenos Aires tiene un río
que lo acuna, que lo besa;
si no fuera así, así,
yo no lo querría.

Tiene canto, tiene vino
al amanecer,
y un amigo en el camino
siempre ha de tener,
¡siempre ha de tener!
Tiene el tango tan sentido

de Pichuco, de Piazzola,
si no fuera así, así,
¡que ciudad tan sola!

Buenos Aires tiene el vuelo
de palomas... ¡qué alegría!,
si no fuera así, así,
yo me moriría.

Tiene el juego de los niños
en las plazas soleadas,
si no fuera así, así,
¡no tendría nada!

## EL CORAZON AL SUR

*TANGO*
*1975*
*LETRA Y MÚSICA DE ELADIA BLÁZQUEZ.*

*N*ací en un barrio donde el lujo fue un albur,
por eso tengo el corazón mirando al sur.
Mi viejo fue una abeja en la colmena,
las manos limpias, el alma buena...
Y en esa infancia, la templanza me forjó,
después la vida mil caminos me tendió,
y supe del magnate y del tahúr,
por eso tengo el corazón mirando al sur.

Mi barrio fue una planta de jazmín,
la sombra de mi vieja en el jardín,
la dulce fiesta de las cosas más sencillas
y la paz en la gramilla de cara al sol.

Mi barrio fue mi gente que no está,
las cosas que ya nunca volverán,
si desde el día en que me fui
con la emoción y con la cruz
¡yo sé que tengo el corazón mirando al sur!

La geografía de mi barrio llevo en mí,
será por eso que del todo no me fui:
la esquina, el almacén, el piberío
los reconozco... son algo mío...
Ahora sé que la distancia no es real
y me descubro en ese punto cardinal,
volviendo a la niñez desde la luz,
teniendo siempre el corazón mirando al sur.

## VAMOS TODAVIA

*TANGO*
*1977*
*LETRA DE JUAN TAVERA.*
*MÚSICA DE OSVALDO TARANTINO.*

Vamos, corazón, no te me quedes
si las piñas de la vida
te abollaron las paredes
estás gastando tu turno de latir
empecinado a sufrir.

Deja de vagar viejas veredas
el encuentro de las horas
del amor... febril
no ves que tengo los ojos tranquilos,
la tarde cansada

y el sol sin salir.

por vos se me olvidó
la forma de querer,
las ganas de reír,
el tiempo de crecer;
por vos no abrí la puerta de olvidar
ni chance que me das de andar mirando atrás;
tal vez hay tiempo si vos lo querés,
tal vez hay un mañana y un porqué;
el vale que nos queda de ilusión
jugálo... corazón,
salí de perdedor.

Vamos, corazón, hacé la cuenta,
uno a uno los eneros
van pisando los cuarenta
y estás marcando mi tiempo de vivir
sin voluntad por seguir;
dale con tu cuenta regresiva
hasta que uno de estos días
me dejés... tirao;
qué par de giles, perder la alegría
del cacho de vida
que Dios nos ha dao.

Vamos, todavía, que en la vida
quiero un poco de alegría
para ser feliz.

# POR QUE AMO A BUENOS AIRES

*TANGO*
*1980*
LETRA Y MÚSICA DE ELADIA BLAZQUEZ.

*(Recitado).*
*¿Por qué te amo?*
*¡Tal vez por el absurdo!*
*Por tu esquiva manera de negarte,*
*por tu desdoblamiento,*
*porque a veces te encuentro sin buscarte,*
*y otras veces te busco*
*y no te encuentro.*
*Porque me gusta rezongar,*
*¡pero me quedo!*
*Porque en tu bulla de Babel me aturdo.*
*Será por eso que te quiero Buenos Aires,*
*por eso debe ser:*
*... por el absurdo.*

*Y*o me alimentaría, rumiando tangos,
sobrado de alegrías, falto de mangos,
porque mi fiesta es relojear desde una esquina
a mi Ciudad que es la más linda de las minas.
Sentir que todo es mío, el sol, el aire,
el limo de tu río... che, Buenos Aires...
Mirá cuanta riqueza me ha brindado Dios
que soy el dueño de tu voz.

Porque hay un ¡che!
que me lastima
y hay un porqué
en cada esquina,
porque tu mole que me atrae y que me asusta
justamente es el lugar que a mí me gusta.

Porque hay amor
en tus baldosas
y es el dolor
la misma cosa,
porque te amo y me embriago con tu aire
al nombrarte, Buenos Aires, en mi canción.

Yo quiero ser un seco pero en tu suelo
no tengo el "embeleco" de extraños cielos,
me moriría de una muerte cotidiana
si no te viera cuando subo las persianas.
Yo te asumí de siempre como te siento,
a veces con mis mufas, con mi descontento,
me gusta maldecir tus días de humedad
y compartir tu soledad.

# VIEJO TORTONI

*TANGO*
*1981*
Letra de Héctor Negro (Ismael Héctor Varela).
Música de Eladia Blázquez.

*S*e me hace que el palco llovizna recuerdos;
que allá, en la Avenida, se asoman -tal vez-
bohemios de antaño y que están volviendo
aquellos baluartes del viejo café...
Tortoni de ahora, te habita aquel tiempo...
Historia que vive en tu muda pared...
Y un eco cercano de voces que fueron,
se acoda en las mesas, cordial habitué...

Viejo Tortoni, refugio fiel
de la amistad junto al pocillo de café.
En este sótano de hoy la magia sigue igual
y un duende nos recibe en el umbral...
Viejo Tortoni, en tu color
están Quinquela y el poema de Tuñón...
Y el tango aquel de Filiberto,
como vos, no ha muerto;
vive sin decir adiós...

Se me hace que escucho la voz de Carlitos
desde esta bodega que vuelve a vivir;
que están Baldomero y aquel infinito
fervor de la peña llegando hasta aquí...
Tortoni de ahora, tan joven y antiguo,
con algo de templo, de posta y de bar...
Azul recalada, si el tiempo es el mismo,
¿quién dijo que acaso no sirve soñar?

# III

# PERLITAS DEL TANGO

*T*odo coleccionista, al catalogar, sabe de antemano que existen básicamente dos grandes categorías: las piezas llamadas 'fáciles' y las otras. Al planear esta antología, quisimos mostrar un repertorio mas general, que respondiera de acuerdo a nuestro gusto y despojado de la vanal necesidad de que se convirtiera en una mostración de fuerza, un catálogo de eruditos. Sin embargo, siempre persisten - y legítimamente -esas ganas de mostrar algo especial, que transforma a cada colección en única. Y gracias a la paciente tarea de Nicolás Stranjeff, están aquí a la vista. En versiones originales y acompañadas por la reproducción de la portada de sus partituras, mostramos aquí algunas 'perlitas' que juzgamos de interés para ser visitadas.

# MONEDA DE COBRE

*TANGO*
*1942*
LETRA DE HORACIO SANGUINETTI.
MÚSICA DE CARLOS VIVÁN.

*T*u padre era rubio, borracho y malevo
   Tu madre era negra con labios malvón;
Mulata naciste con ojos de cielo
Y mota en el pelo de negro carbón.
Creciste entre el lodo de un barrio muy pobre
Cumpliste veinte años en un cabaret,
Y ahora te llaman moneda de cobre.
Porque vieja y triste muy poco valés.

Moneda de cobre
Yo se que ayer fuiste hermosa,
Yo con tus alas de rosa
Te vi volar mariposa
Y después te vi caer...
Moneda de fango
¡Que bien bailabas el tango!...
Que linda estabas entonces
Como una reina de bronce
Allí en el "Folies Berger".

Aquel barrio triste de barro y de latas
Igual que tu vida desapareció...
Pasaron veinte años, querida mulata,
No existen tus padres, no existe el farol.
Quizás en la esquina te quedes perdida
Buscando la casa que te vió nacer;
Seguí, no te parés, no muestres la herida,
No llores mulata, total, para qué.

*Horacio Sanguinetti firmó algunas de sus obras con el nombre
de Horacio Basterra.*

# ORO MUERTO

*( JIRON PORTEÑO )*
*TANGO*
*1926*
LETRA Y MÚSICA DE JULIO NAVARRINE Y JUAN RAGGI.

*E*l conventillo luce su traje de etiqueta
      Las paicas van llegando dispuestas a mostrar
Que hay pilchas domingueras, que hay porte, y hay silueta
A los "garabos" reos deseosos de tanguear
La orquesta mistonguera, musita un tango fulo
Los "reos" se desgranan buscando entre el montón
La "princesita" rosa de ensortijado rulo
Que espera a su "Romeo" como una bendición.

El dueño de la casa
Atiende a las visitas
Los pibes del convento
Gritan en derredor
Jugando a la "rayuela"
Al salto a las "bolitas"
Mientras un gringo curda
Maldice al Redentor.

El fuelle melodioso termina un tango "papa"
Una pebeta hermosa saca del corazón
Un ramo de violetas que pone en la solapa
Del "garabito" guapo dueño de su ilusión
Termina la milonga, las minas retrecheras
Salen con sus bacanes henchidas de emoción
Llevando de esperanzas, un cielo en sus ojeras
Y un mando de cariño, dentro del corazón.

RICARDO TANTURI

# MI PIBA (LINDA)

*TANGO*
*1943*
LETRA DE MANUEL ROMERO.
MÚSICA DE RODOLFO SCIAMMARELLA.

*L*os muchachos de la barra
como no salgo de farra me
han negao su estimación;
los muchachos se lamentan
de que no los tenga en cuenta
y tal vez tengan razón.
Mas no saben que una piba
en mi vida se cruzó,
linda, buena, comprensiva,
y esa piba el corazón me cautivó...

QuÈ lindas son las noches
que paso junto a ella
mirando las estrellas
que no miré jamás!
Qué lindo es a su lado
pasearnos frente al río
y en medio del gentío
querernos mas y mas!
Dirán que estoy chiflado...
qué importa lo demás!

Los muchachos me critican
y de zonzo califican
mi profundo metejón.
Como nadie la conoce
no sospechan todo el goce
que me causa esta pasión.
Si a mi piba conocieran
dejarían de charlar,
pues yo se que si la vieran
ya quisieran encontrarse en mi lugar...

# NOCHES DE BUENOS AIRES

*TANGO*
*1935*
LETRA DE MANUEL ROMERO.
MÚSICA DE ALBERTO SOIFER.

*N*oches de Buenos Aires,
en mi canción
pone tu embrujo luminoso
el sello ardiente de la emoción.
Con tu perfume misterioso
siente una extraña palpitacion,
Noches de Buenos Aires,
el corazón...

Siempre en ti fue el placer
compañero del dolor,
la dicha se hermanó a la pena;
bajo el resplandecer
de tus luces de color
el aire embriaga y envenena...
La ilusión juvenil se encadena
a la amarga vejez de Don Juan,
y el que llora por pan
y el que llora por amor,
acollarados siempre van...

Noches de Buenos Aires,
¡cuánto dolor
en tu reír de cortesana
que en cada beso pone un rencor!
Va la nocturna caravana
envuelta en sombras y resplandor,
noches de Buenos Aires,
buscando amor...

# TANGO SIN LETRA

TANGO

PALABRAS DE
**V. JUAN CLAUSO**

NOTAS DE
**CATULO CASTILLO**

Unico editor autorizado
NATALIO HECTOR PIROVANO
Pasco 1267          Buenos Aires
Argentina
De la Asoc. Arg. de Editores

Todos los derechos de reproduc

# TANGO SIN LETRA

*TANGO*
*(C.1928)*
LETRA DE VENANCIO JUAN CLAUSO.
MÚSICA DE CÁTULO CASTILLO.

*L*a suerte más negra me puso su sello
y a cada momento me tira a matar...
la vida me pega sin darme resuello
y el alma, atorada, no acierta a escapar...

Haciendo gauchadas anduve la vida,
sonriente la cara, la mano cordial...
y todos mis premios son hondas heridas
que me adjudicaron por noble y leal...

Dentro de mi corazón
vibra una música azul
y busco con inquietud
motivo para una canción
de ilusión...

Pero mi estrella es sufrir
y ante destino tan cruel
yo sé que habré de morirme
buscando la letra
que nunca encontré...!

Mi pan y mi techo partí con los hombres;
amé a las mujeres con fe y devoción...
Y aquellos que un día alzaron mi nombre,
a un tanto por ciento me hicieron traición...

Sus uñas clavaron en mi alma, con saña
quemaron mis sueños, mataron mi fe;
con todas sus ansias la Suerte fue huraña,
no encontré la letra... por mas que busqué...

Al Dr. HIPOLITO YRIGOYEN respetuosamente

# HIPOLITO YRIGOYEN

TANGO

ENRIQUE P. MARONI

# HIPOLITO YRIGOYEN

*TANGO*
*1927*
LETRA Y MÚSICA DE ENRIQUE P. MARONI

*Y*rigoyen, Presidente
la Argentina te reclama,
la voz del pueblo te llama
y no te debes negar;
él necesita tu amparo
criollo mojón de quebracho
plantado siempre a lo macho
en el campo radical!

Desde el suburbio al asfalto
mil voces claman y lloran,
todas las almas te adoran
y quieren verte feliz,
Viejo sencillo y valiente,
para los pobres guarida,
me juego entero la vida,
¡serás gloria del País!

Tendiste a todos la mano
siempre lista al sacrificio,
nadies te pidió un servicio
que lo supieras negar...
Si de puro generoso
y de mostrar tanto celo,
fue tu único consuelo
el tener algo que dar.

Mañana cuando en las urnas
suenen las diarias triunfales
y los votos radicales
las demás listas arrollen,
bien al tope las banderas
y en alto los estandartes,
gritarán por todas partes:
¡VIVA HIPOLITO YRIGOYEN!

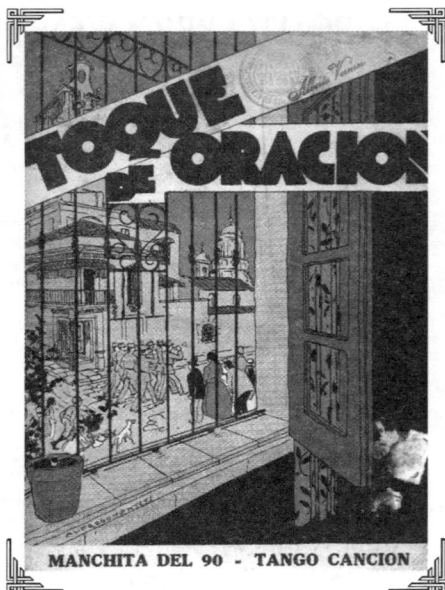

MANCHITA DEL 90 - TANGO CANCION

# TOQUE DE ORACION

*TANGO*
*1931*
LETRA DE YAMANDÚ RODRÍGUEZ.
MÚSICA DE SALVADOR MERICO.

*E*ntre los adoquines de la calzada
se asoman los yuyitos a respirar.
Hay en un balcón alto ropa colgada
que el viento tan chismoso, suele enredar.
Rodeaba de su nube de chiquilines
sale la banda lisa del batallón
y el garabato en bronce de los clarines
como todas las tardes, toca: Oración.

*RECITADO*
*Con sus charlas zurcidas de reja a reja*
*y sus viejos sentados en el cordón*
*repartiendo codazos va la calleja*
*a bostezar delante del murallón.*

Don Batistín en camiseta
fuma la pipa y detrás de él
cambia guiñadas su pebeta
con un alférez del cuartel.
Llega un taita y su camote,
Copan "la esquina del mojón"
y mas seria que perro en bote,
cruza una negra de "punzón".

Hoy de tarde buscando no se que cosa,
he vuelto al barrio amigo donde una vez
por los ojos azules de otra mocosa
perdí el colegio junto con la niñez.
Ya no hay cercos mellados por nuestras giras
al baldío propicio de Don Ombú.
Ya no queda una sola reja con liras.
donde cantar las coplas del rey Mambrú.

Y en el crepúsculo embrujado
vuelve a ser niño el corazón.
Para el desfile del pasado
presta su banda el batallón.
Sale mi novia nuevamente...
llena de azul la evocación
y en la nostalgia del presente
empieza el toque de oración.

RECITADO
*Y cuando calla el canto de las cornetas*
*y el barrio de mi infancia piensa en Jesús*
*se va la tardecita con sus violetas*
*y las cambia por unos bichos de luz.*

Yamandú Rodríguez fue un poeta uruguayo
dedidado casi exclusivamente al acervo cultural
nativo, tratándose esta pieza de una excepción.

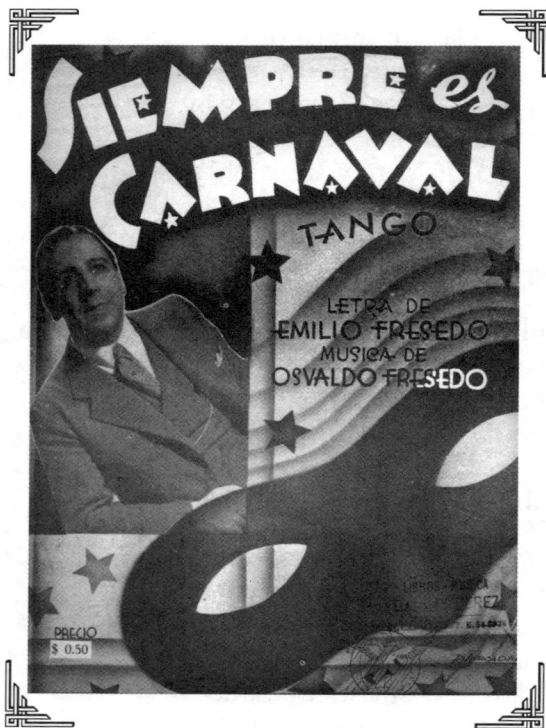

## SIEMPRE ES CARNAVAL

*TANGO*
*1937*
**LETRA DE EMILIO FRESEDO.**
**MÚSICA DE OSVALDO FRESEDO.**

*C*uántos viven disfrazados
sin saber que así quedaron!
¡Cuánto se oye sin reír!
Este mundo es escenario
de un gran cine continuado
que nos hace consumir.
Cuánto al fín se macanea
ya que nunca es todo cierto,
y es un juego el acertar:

La señora está indispuesta,
o ha salida hace un momento,
y el esposo se hace el muerto
si es que vienen a cobrar.

Y siempre es carnaval...
Van cayendo serpentinas
unas gruesas, otras finas
que nos hacen tambalear.
Y cuando en tu disfraz
la careta queda ausente
en tu cara de inocente
todo el año es carnaval.
Y viva el carnaval!
Vos ves siempre lucecitas.
Sos la eterna mascarita
que gozás con engañar.
Y cuando en tu disfraz
la careta queda ausente
en tu cara de inocente
todo el año es carnaval.

¡Que tuviste una fortuna!
¡Que de oro fue tu cuna!
Que esto cuesta: ¡Qué se yo!
Las mujeres y los hombres
por tu amor tocan la luna,
y otras cosas mas por vos...
Y si hablás de tu familia!...
Tu pretérito imperfecto
lo pasaste como un rey.
Yo quisiera que me digas,
y dejando un poco esto,
si la cuenta vos has hecho
cuántos pesos me debés?

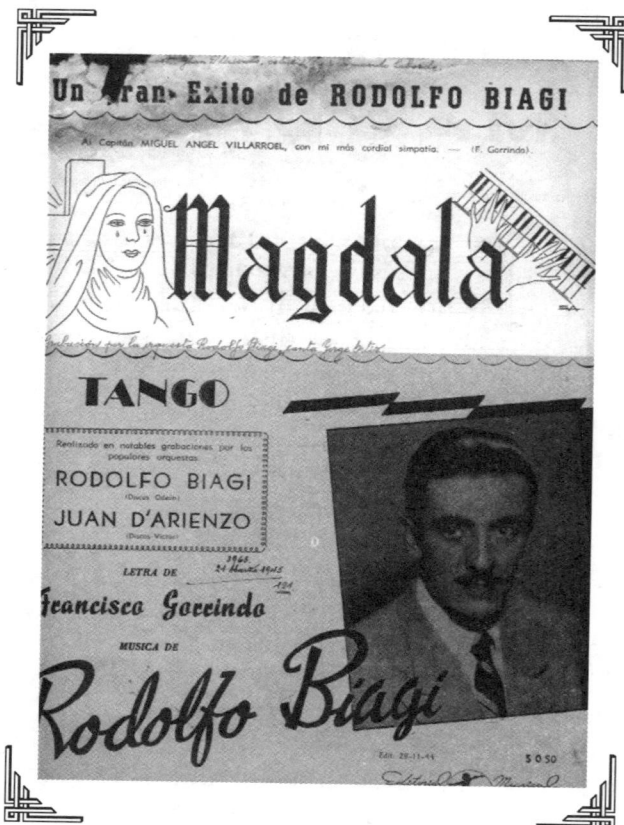

# MAGDALA

*TANGO*
*1944*
**Letra de** *Francisco Gorrindo.*
**Música de** *Rodolfo Biagi.*

*S*anta, más que santa, Magdalena humilde
En este "Via Crucis" al que te llevé,
tu has sido testigo de todo el fracaso
y has visto en silencio quebrarse mi fe...

Quise darte todo lo que merecías
y tan solo migas te pude ofrecer,
por eso esta noche que renuncio a todo,
Magdala, perdona, la última hiel.

Mis manos vacías
solo apresan sombras
mis ojos en sombras
solo sombras ven;
Y en esta locura
de sombras y muerte
sellada mi suerte
espero tu bien...

Que esta noche sea
para tu martirio,
la última noche
El punto final,
y firme mi pulso
¡le deje a tus alas
abiertas las puertas
de la libertad!

Poca cosa somos creyéndonos tanto,
Pasión egoísta, problema sin fin,
empieza en comedia la burda tragedia
y el canto del cisne se trueca en gemir!

El grave silencio que pesa en la noche
parece la gama doliente del mal,
Don Nadie se ha ido por sendas de olvido
bajando en su drama, telón de final.

## CASAS VIEJAS
*TANGO*
*1935*
*LETRA DE IVO PELAY.*
*MÚSICA DE FRANCISCO CANARO.*

uién vivió en estas casas de ayer,
viejas casas que el tiempo bronceó!
Patios viejos, color de humedad
con leyendas de noche de amor...
Platinados de luna los vi
y brillantes con oro de sol...

Y hoy, sumisos, los veo esperar
la sentencia que marca el avión...
Y allí van, sin rencor,
como va al matadero la res,
sin que nadie le diga un adiós!

*REFRAN:*
*Se van, se van...*
*Las casas viejas queridas*
*demás están...*
*Han terminado sus vidas.*
*Llegó el motor y su roncar*
*ordena y hay que salir!*
*El tiempo cruel con su buril*
*carcome y hay que morir...*
*Se van, se van...*
*Llevando a cuestas su cruz!*
*Como las sombras se alejan*
*y se esfuman ante la luz!*

El Amor...
El Amor coronado de luz,
estos patios también conoció,
sus paredes guardaron la fe
y el secreto sagrado de dos.
¡Las caricias vivieron aquí...!
¡Los suspiros cantaron pasión...!
¿Dónde fueron los besos de ayer...?
¿Dónde están las palabras de amor...?
¿Dónde están ella y él...?
¡Como todo, pasaron,
igual que estas casas
que no han de volver...!

## ESTA NOCHE DE LUNA

*TANGO*
*1943*
**LETRA** DE *HÉCTOR MARCÓ.*
*MÚSICA DE JOSÉ F. GARCÍA Y GRACIANO GÓMEZ.*

*A*cércate a mí:
Y oirás mi corazón:
Contento latir como un brujo reloj...
La noche es azul;
Convida a soñar...
Ya el cielo ha encendido su faro mejor.
Si un beso te doy...
Pecado no ha de ser...
Culpable es la noche que incita a querer...
¡Me tienta el amor!

Acercate ya...
Que el credo de un sueño nos redimirá...

Corre, corre barcarola por mi río de ilusión:
Que en el canto de las olas surgirá mi confesión...

Acércate a mí:
Y oirás mi corazón:
Contento latir como un brujo reloj...
Mi voz te dirá
Palabras de miel
Que harán de tu pecho su fuego encender...
El canto del mar
Repite en su rumor
¡Que Noche de Luna!
Que noche de amor...
Dichoso de aquel
Que pueda decir;
¡Yo tengo un cariño, que dulce es vivir!...
Corre corre barcarola que la luna se escondió
¡Un amor llena la noche y ese amor lo siento yo!

Soy...¡una estrella en el mar!
Que hoy detiene su andar
Para hundirse en tus ojos...
Y en el embrujo
De tus labios muy rojos
Por llegar a tu alma:
Mi destino daré!...
Soy ... ¡una estrella en el mar!
Que hoy se pierde al azar
Sin amor ni fortuna!
Y en los abismos
De esta "Noche de Luna"
Sólo quiero vivir:
De rodilla a tus pies
Para amarte y morir!

# IV

# LIRICOS Y TANGUEROS

*E*n el prólogo, mencioné las dificultades con que el estudioso topa en la tarea, a veces imposible, de diferenciar letristas de poetas. Buenaventura la del tango, que puede ostentar ese mérito.

A los citados Nicolás Olivari, Fernán Silva Valdés, Héctor P. Blomberg o el mismo Borges, entre otros, le propongo ahora una suscinta recorrida revisando un material, tan raro como exquisito, de poetas líricos devenidos a letristas de tango.

Ben Molar imaginó, entre otras genialidades, una conjunción de plásticos, poetas y músicos que, bajo el techo común del amor al sonido de Buenos Aires, convergieran en "Los Catorce para el Tango". Los nombres mas encumbrados de cada disciplina se dieron a la tarea. ¡Cuarenta y dos artistas cocinando ese puchero! El esfuerzo de producción debió haber sido titánico. Cuenta el mismo Poroto, que semanas después que Ernesto Sábato entregara sus versos, el bohemio fueye de Pichuco seguía remolón, por lo que fue inquirido a entregar sus partituras esa misma noche. Y desde la puerta del baño en que se encontraba, se le explicó sin ninguna elegancia que no se le dejaría abandonar el sitio hasta rubricar los anhelados pentagramas.

La impresionante obra que surgiera de este encuentro merece ser revisada, toda vez que con la anuencia del compilador, viene a propósito de esta antología como eficaz cierre de la colección. Y es un homenaje a esos hombres de letras que se dieron a la tarea de hacer poesía para que el hombre de tango la cante.

*El Tango, íntimo dueño de la ciudad, es también
el espejo donde la innumerable Buenos Aires fija
su imagen única  y tiene un solo rostro sensible.*

**Carlos Mastronardi.**

*Recorrí gran parte del mundo. No creo que haya
música popular mas amistosa que la del Tango.*

**Miguel Caló.**

## "SABOR DE BUENOS AIRES"

TANGO
1966
LETRA DE CARLOS MASTRONARDI.
MÚSICA DE MIGUEL CALÓ.

Anduve solo y perdido
en la neblina del barrio.
Cuando en cada café y en cada esquina
se me ganaba al corazón un tango.

Buscando sabor de Buenos Aires
pasé por unas calles que hoy cambiaron
y en los mismos cafés ví hombres solitarios
que de su juventud vinieron con sombreros,
y así nomás quedaron
leyendo un viejo diario.
Sentí todo el sabor de Buenos Aires
llegando del pasado
caminando por calles de recuerdos palpitantes
y en un umbral, sentado, igual que antes
oyendo un viejo tango,
ví un hombre silencioso:
callado, parecía misterioso
cantando, era el patrón de Buenos Aires.

## "ELEGIA"

*TANGO*
*1966*
LETRA DE ALBERTO GIRRI.
MÚSICA DE OSVALDO MANZI.

*S*i hasta en tu sombra me busqué
y te quise,
por qué romper este amargor
que te sigue nombrando y me lo dice
lo que siente de trunco mi dolor.

Sombra mía, hoy ausente,
la memoria
que no muere
ni muriendo,
y que vive
con mi queja,
sombra mía,
plena, plena.

Dulce pena obstinada en llamar,
reclamar,
preguntar,
sombra mía,
¿cuándo
vuelves?,
¿dónde verte?

*Un génesis porteño debería empezar así: en el principio fueron creados el hombre y la mujer. Y enseguida se inventó el tango para que pudieran entenderse bailando, cantando o callando...*

**Cesar Tiempo.**

*El Tango es una conversación rimada.*

**Enrique Delfino.**

# "NADIE PUEDE"

*TANGO*
*1966*
LETRA DE CESAR TIEMPO.
MÚSICA DE ENRIQUE DELFINO.

*P*ara vos no existe
  nadie mas que vos.,
A todas las cosas
le decís que no.
Vos querés a un Santo
y es Sanseacabó,
tu vida en una calle oscura sin salida.
Si ves a un amigo
no lo saludás,
si pasa una "naifa"
la menospreciás.
Ves con tus cristales de "loyula"
todo el mundo envuelto en "mufa"
y de "mufa" te llenás.
Nadie puede
desbaratar la primavera,
parar la máquina del sol,
decir: "señor,
el mundo se acabó".

Nadie puede
llenar el cielo de basura,

manchar la vida y el amor.
Ni un Dios podría hacerlo
vuelto loco de repente.
Vos no sos Dios.

Siempre andás "mufado"
todo lo ves mal,
el amor es "mufa"
"mufa" la amistad.
Un collar de brasas
a todo colgás,
tus perros ladran a las pobres lunas mansas.
Comprendé que el mundo
se hizo para que
el hombre sea hombre,
la mujer mujer
y el amor se tienda como un puente
para que toda la gente
tenga un poco mas de fe.

*Como el alma de Buenos Aires, el tango es, a la vez,*
*uno y múltiple. Desafío, alarde, confesión volcada*
*según su tiempo, en él se reconoce y expresa la ciudad*
**León Benaros.**

*Veo en el Tango la trayectoria de un pensamiento íntimo que salta de*
*su reducto para proyectarse hacia todos los pensamientos, recibiendo*
*también generosamente el mensaje de todos ellos e incorporándolo al*
*propio como maravillosa síntesis de sentimientos asimilados por su*
*prodigiosa personalidad, nítida pero abierta. Por eso siento mi tango*
*como receptáculo de giros y estados de ánimo universales albergados en*
*un particular y firme carácter que, lejos de sufrir mengua por ello, se*
*engrandece como pensamiento y cobra fuerza trascendente como*
*personalidad. La personalidad del Tango, así, no es otra cosa que el*
*reflejo fiel de la personalidad del hombre argentino.*
**Mariano Mores.**

## "ORO Y GRIS"

*TANGO*
*1966*
LETRA DE LEÓN BENAROS.
MÚSICA DE MARIANO MORES.

*C*aía en oro y gris el cielo azul
   del hondo abril
en que llegaste.
Tal vez lo eterno fue de nuestro amor
el llanto aquel que derramaste.
Divina criatura musical...
Asombro fiel de tu mirada angelical.

Y tu melena, como un cálido trigal
iba encendiendo sin querer
a mi sereno atardecer,
que iluminaste.
Qué breve fue la flor
de tu ansiedad y tu temor,

en nuestro amor!

Pequeña mía,
sentimental,
ardiente rosa
de mi rosal;
Estoy poblado de tu ausencia
y este dolor me hace feliz.
La calle es niebla y cerrazón
y, mientras digo mi canción,
lloviendo est· en mi corazón,
en oro y gris...

*El Tango es para mí una alianza conmovedora de desesperacion*
*y felicidad; quizás ha sido en el extranjero donde mas sentí la*
*urgencia impostergable de oírlos, y donde significaron - siempre*
*para mí- el rítmico resumen de la mejor nostalgia.*
**Manuel Mujica Lainez.**

*Los versos que me tocaron en suerte y cuyo título es*
*"Como Nadie", hicieron el milagro de lograr el tango que*
*hace mucho yo buscaba. Gracias, Manuel Mujica Lainez.*
**Lucio Demare.**

## "COMO NADIE"
### TANGO
#### 1966
##### LETRA DE MANUEL MUJICA LAINEZ.
##### MÚSICA DE LUCIO DEMARE.

*Q*ue salga un guapo y proteste
con lo que le de el coraje,
para explicar que es tu dueño
y Èl solo capaz de amarte,
¡qué me importa!

si los años
cruzar le hiciera los mares,
y perderte en la distancia
de las extrañas ciudades,
te juro que no querría
volver a ti,
ni nadie, nadie,
como yo mi Buenos Aires.

Te he tenido y no te tuve, pero estás
siempre en mi sangre,
y está latiendo en mis venas la tibieza de
tus tardes.
Tan dulce sos, dulce mía,
que no sabría cantarte
y si lo ensayo
ser· por esa cosas de los bailes;
porque sabés que te quiero
como nadie, como nadie,
como nadie, Buenos Aires.

*(coda)*
Porque yo te guardo en mí
con la tibieza de tus tardes
y vos sabés que es así,
Buenos Aires, Buenos Aires.

*El Tango es la expresión del alma porteña y todos, tanto los de la Guardia Vieja, como los de la Vanguardia, han dado algunos de sus atributos. Los que ahora nos incorporamos a este complejo proceso, lo hacemos con humildad y admiración hacia ellos. Y sin mas títulos que los que nos confiere nuestra condición de porteños y el entrañable amor a Buenos Aires.*

**Ernesto Sabato.**

*Tango! Hermano mío! Esta es una de las satisfacciones que yo quería para vos, que la gente literata se acerque a nosotros, que siempre fuimos tan pobres y tan ricos.*

**Aníbal Troilo.**

# "ALEJANDRA"

TANGO
*1966*
LETRA DE ERNESTO SÁBATO.
MÚSICA DE ANÍBAL TROILO.

He vuelto a aquel banco del Parque Lezama.
Lo mismo que entonces se oye en la noche
la sorda sirena de un barco lejano.
Mis ojos nublados te buscan en vano.
Después de diez años he vuelto aquí solo,
soñando aquel tiempo, oyendo aquel barco.
El tiempo y la lluvia, el viento y la muerte,
ya todo llevaron, ya nada dejaron.

¿En qué soledades
de hondos dolores,
en cuáles regiones
de negros malvones
estás, Alejandra?
¿Por cuáles caminos,
con grave tristeza,
oh, muerta princesa?

He vuelto a aquel banco del Parque Lezama.
Lo mismo que entonces se oye en la noche
la sorda sirena de un barco lejano.
Mis ojos nublados te buscan en vano.
Ahora, tan solo, la bruma de otoño,
un viejo que duerme, las hojas caídas.
El tiempo y la lluvia, el viento y la muerte
ya todo llevaron, ya nada dejaron.

*La bendicion de un Tango desciende de lo alto.*
**Baldomero Fernández Moreno.**

*El Tango es el eco de la Ciudad de Buenos Aires.*
**Astor Piazzolla.**

# "SETENTA BALCONES Y NINGUNA FLOR".

*TANGO*
*1966*
LETRA DE BALDOMERO FERNÁNDEZ MORENO.
MÚSICA DE ASTOR PIAZZOLLA.

*S*etenta balcones hay en esta casa,
   setenta balcones y ninguna flor...
¿A sus habitantes, Señor, qué les pasa?
¿Odian el perfume, odian el color?

La piedra desnuda de tristeza agobia,
¡dan una tristeza los negros balcones!
¿No hay en esta casa una niña novia?
¿No hay algún poeta lleno de ilusiones?

¿Ninguno desea ver tras los cristales
una diminuta copia del jardín?

¿En la piedra blanca trepar los rosales,
en los hierros negros abrirse un jazmín?

Si no aman las plantas no amarán el ave,
no sabrán de música, de rimas, de amor.
Nunca se oirá un beso, jamás se oirá un clave...
¡Setenta balcones y ninguna flor!

---

*¿Hay una auténtica resurrección del tango? No lo sé, pero sí sé*
*que los buenos - que son muchos - vivirán como siguen viviendo*
*los viejos romances castellanos después de haber desaparecido,*
*hace siglos, el estilo de vida que cantaban.*
**Conrado Nalé Roxlo.**

*El Tango es expresión auténtica y le debe a ello su*
*inmortalidad porque hay en su música, porque hay*
*en su verbo, la imagen de un pueblo que lo sabe amar.*
**Alfredo De Angelis.**

## "TANGO PARA UN SOLDADO"

*TANGO*
*1966*
LETRA DE CONRADO NALE ROXLO.
MÚSICA DE ALFREDO DE ANGELIS.

*M*i caballo de sombra galopa
por mi sombra imprecisa montado.
Soy el alma de un pobre soldado
de la antigua frontera del Sur.
Tarará, tarará los clarines,
rataplán, rataplán los tambores.
Nunca supe de flores ni amores,
fue mi parte miseria y valor.

¿Fué bola suelta?
¿Fué lanza seca?
Tan solo se
que marcado por el sello
de la mueca
del deguello
estirado me quedé.

Voy buscando en mi noche, Dios mío,
tu divino fortín estrellado,
ten piedad de este humilde soldado
alma en pena sin gloria y sin luz.
La oración de mi madre me guía,
pero es vieja y no acierta el camino
Yo soy Juan el soldado argentino
que murió en la frontera del Sur.

En un cenáculo de Londres, donde se discutía la influencia de la
herencia o del medio sobre la formación de la obra estética, el pintor
americano Whistler se limitó a observar **Art Happens** (El arte
sucede), epigrama feliz que viene a repetir aquel versículo del
Evangelio de San Juan, en el cual se lee que el Espíritu sopla donde
quiere. Hacia el ochenta, el Espíritu sopló, de un modo modesto en las
en las casas malas de Buenos Aires o de Montevideo. Surge así el
tango, cuyos instrumentos fueron el piano, la flauta y el violín, lo cual
excluye toda idea de un origen popular u orillero, ya que a los
compadritos les bastaban - Ascasubi y Carriego bien lo supieron - las
seis cuerdas de la guitarra. Surge así el tango, que el pueblo rechazó al
principio y en cuya melodía, zafada, valerosa y nost·lgica,
nos sentimos confesados, ahora todos los argntinos.

*Jorge Luis Borges.*

*El tango es el reflejo de la psiquis porteña*
*por ser su refugio añorativo y triste.*

*José Basso.*

## "MILONGA DE ALBORNOZ"

*MILONGA*
*1966*
LETRA DE JORGE LUIS BORGES.
MÚSICA DE JOSÉ BASSO.

*A*lguien ya contó los días
Alguien ya sabe la hora
Alguien para Quien no hay
ni premuras ni demora.
Albornoz pasa silbando,
una milonga entrerriana;
bajo el ala del chambergo
sus ojos ven la mañana.

La mañana de este día
del ochocientos noventa;
en el bajo del Retiro
ya le han perdido la cuenta
de amores y de trucadas
hasta el alba y de entreveros
a fierro con los sargentos,
con propios y forasteros.

Se la tienen bien jurada
m·s de un taura y m·s de un pillo;
en una esquina del sur
lo est· esperando un cuchillo.
No un cuchillo sino tres,
antes de clarear el día,
se le vinieron encima
y el hombre se defendía.

Un acero entró en el pecho,
ni se le movió la cara;
Alejo Albornoz murió
como si no le importara.
Pienso que le gustaría
saber que hoy anda su historia
en una milonga. El tiempo
es olvido y es memoria.

*El Tango es una pasión íntima que se expresa cantando o con la música callejera de la soledad y de las penas del hombre que silba.*

*Nicolás Cocaro.*

*El Tango se caracteriza por la pureza de su concepción y por la hondura de su inspiración fácil, es parte de nuestro pueblo, por él apreciamos el nervio de la metrópoli; su esperanza, su pena; no todo es guapeza, ya que también ríe, canta, llora, se conduele, ama y sufre; es historia viviente.*

*Julio de Caro.*

## "UN SILBIDO EN LA NOCHE"

TANGO
1966
LETRA DE NICOLÁS COCARO.
MÚSICA DE JULIO DE CARO.

Con un silbido doliente en el bolsillo,
deambulando te busco por mis sueños;
desarraigado y solo no comprendo,
ni a la vida, ni a la muerte estremecida.
Yo desafío a Dios desde mi nada,
que me conteste quÈ hizo de mi vida.
Él me cubrió de bruma tan oscura,
que dejó con mi amargurà,

lo un sueño sin olvido
y un silbido en el bolsillo.

¿Dónde estoy,
sepultado en torbellino de tristeza?
¿Dónde estoy,
en un fuego sin perdón y sin piedad?
¿Dónde estoy,
entre sombras y entre labios que no
besan?
y el silencio de la nada,
es zarpazo y puñal en su maldad.

Desde estas manos y desde esta cara,
un infierno de amor es hoy mi herida,
y en lo horrendo de esto no comprendo,
ni a la vida, ni a la muerte estremecida.
Yo desafío a Dios desde mi nada,
que me conteste qué hizo de mi vida.
El me cubrió de bruma tan oscura,
que dejó con mi amargura,
sólo un sueño sin olvido
y un silbido en el bolsillo.

# V

# BIOGRAFIAS

# LUIS CESAR AMADORI

*N*ació en la ciudad de Pescara, Italia, en 1912. Murió en Buenos Aires en 1977. Su primera actividad fue el periodismo, dedicándose posteriormente al cine y al teatro. Se recuerda su época de oro en el cine nacional considerándose esa como una de las columnas de la cinematografía hispano-parlante. Sus ambientes a todo lujo y los famosos teléfonos blancos, marcaron a fuego la filmografía nacional.

Carlos Gardel grabó sus tangos "Fondín de Pedro Mendoza" con música de Raúl de los Hoyos, "Madreselva" en colaboración con Francisco Canaro y "Cobardía" y "Rencor" los dos con música de Charlo. Además es autor de "Quién hubiera dicho", "Ventanita florida" y "Confesión" con sendas músicas de Rodolfo Sciamarella, Enrique Delfino y Enrique Santos Discépolo.

# CARLOS BAHR

*N*ació el 15 de octubre de 1902 y murió el 23 de julio de 1984. Muy grato sería poder describir sus comienzos, su vida, con alegrías e infortunios, que los debe haber tenido, pero un velo de misterio cubre su aspecto humano. Nos queda eso si, su condición de prolífico y exitoso autor. Además de sus grandes éxitos en el repertorio tanguero, también escribió letras para boleros.

Algunos de sus títulos más populares son "Ayúdame a vivir", "Mañana iré temprano", "No te apures Carablanca", "Corazón, no le hagas caso", "En carne propia", "Precio" y "Soledad la de Barracas".

# LITO BAYARDO

*N*ació en Rosario el 3 de marzo de 1905. Su verdadero nombre fue Manuel Juan García Ferrari. Se quitó la vida el 7 de marzo de 1986.

Tomó su seudónimo al pasar por su natal Rosario la compañía teatral que encabezaba la actriz Gloria Bayardo. Incursionó en el canto llegando a la grabación integrando dúos y tríos. Fue secretario durante varios períodos del Directorio de Sadaic (Sociedad Argentina de Autores y Compositores).

Como actor se recuerda su personificación de Ambrosio Río en la película "El último payador" protagonizada por Hugo del Carril, inspirada en la biografía de José Betinotti, cuyo guión correspondió a Homero Manzi que brindó una versión libre del recordado payador.

En su obra se destacan mas de seiscientos títulos, siendo los más recordados "Mamá vieja", "9 de julio", "Pájaro ciego", "Incertidumbre", "Con la otra", "Esta noche" y quizás su éxito mayor, con música del bandoneonista Juan Rezzano, "Duelo Criollo".

# HECTOR PEDRO BLOMBERG

*N*ació en Buenos Aires el 18 de marzo de 1889 y murió en Buenos Aires el 3 de abril de 1955.

Su actividad siempre tuvo relación con las letras: fue periodista, cuentista, poeta, novelista y autor teatral.

Una de sus temáticas preferidas fue el revisionismo de la época federal. No toma partido, pero sí destaca hechos y realidades que reviven su pasado. Su colaborador musical fue el guitarrista Enrique Maciel y su intérprete mas difundido el cantor Ignacio Corsini.

Entre sus obras más conocidas citaremos a "La que murió en París" y "La viajera perdida", entre obras sin tinte político, destacando entre los de temática federal "La pulpera de Santa Lucía", "Los jazmines de San Ignacio", "La mazorquera de Monserrat", "La canción de Amalia", "Barrio viejo del 80" y "Rosa morena" ("Abuelita Dominga"). En recuerdo al máximo payador escribió "El adiós de Gabino Ezeiza".

Es dable destacar una joyita casi olvidada que se le puede escuchar al cantor Enzo Valentino, su título "El vendedor de calandrias".

# JULIAN CENTEYA

*N*ació en Parma, Italia, el 15 de octubre de 1910 y murió en
Buenos Aires el 26 de junio de 1974.
Su verdadero nombre era Anleto Vergiatti, cambiado por el más
porteño con que se lo conoció. Su cuna y andador (que tal vez no
los halla tenido) fue el barrio de Boedo. Su padre carbonero de esa
barriada, traía como escaso bagaje las ideas libertarias en auge en
Europa. Enrolado en las ideas del grupo de Boedo publicó "La
musa del barro", "El recuerdo de la Enfermería San Jaime", "La
musa mistonga", "Porteñerías", "El vaciadero" y "El ojo de la
baraja izquierda", todos conteniendo poemas. A su vez escribió en
1946 un ensayo titulado "El misterio del tango" como periodista y
crítico de espectáculos utilizó además de Centella y Centeya el
nombre de Enrique Alvarado.
Conferencista y charlatán como el gustaba en llamarse, recorrió
gran parte del país y del exterior.
Bautizado "El hombre gris de Buenos Aires", dejó entre otras
letras las de "La ví llegar", "Claudinette", "Más allá de mi rencor",
"Lluvia de abril", "Pa los muchachos" y "Lisón".
Se recuerda su participación radial en la mesa cuadrada del tango y
"Matinata" y en televisión en "Grandes valores del tango".

# ENRIQUE SANTOS DISCEPOLO

*N*ació el 27 de marzo de 1901 en Buenos Aires y murió en la misma
ciudad el 23 de diciembre de 1951.

Su infancia transcurrió en la calle Paso al 100 y al fallecer sus padres quedó
bajo la tutela de su hermano Armando, destacado hombre de teatro.

Reseñar la gran actividad de Discepolín sería tarea improba: actor, autor
teatral, músico, libretista y director cinematográfico, director de orquesta,
conferencista y charlatista en la radio telefonía, donde comentó el nacimiento
de sus tangos y personificó al controvertido "Mordisquito". Pero sin duda en
la tarea que más se lo recuerda es en la de letrista y compositor de tangos.
Llamado por algunos el filósofo del tango, mostró a través de sus obras, su
pesimismo y desesperanza, teniendo siempre presente, cierto misticismo al
invocar en la mayoría de sus obras a Dios.

Para recordar algunos títulos citaremos a:
"Malevaje", "Cambalache", "Yira Yira", "Cafetín de Buenos Aires", "El
choclo", "Desencanto", Que va cha ché", "Quién más, quién menos", etc,
etc.

Es de recordar que la letra de "Canción desesperada" le demandó un año de
trabajo para encontrar una palabra que lo conformara, esa palabra fue que
terminó con su vida..."corazón".

# HECTOR MARCO

Nació el 12 de setiembre de 1906 y falleció en Buenos Aires el 7 de octubre de 1987.

Su verdadero nombre es Héctor Marcolongo.

Comenzó su trayectoria artística en la convulsionada ciudad de 1930.

Cuando dió comienzo en nuestro país el primero de los interregnos militares y al dejar precisamente las armas, su inclinación al canto hizo que se presentara en los programas de L.R.3 Radio Belgrano. Su vocación artística lo llevó posteriormente a tomar parte como actor en varias películas. Le llegó el turno a su vocación de letrista, la que cultivó con gran éxito popular, entre sus principales obras se encuentran "Nido gaucho", "Whisky", "Cuando el amor muere", "Callejón", "Que nunca me falte", "Tu íntimo secreto" y "Mis consejos".

# ENRIQUE PEDRO MARONI

*N*ació el 17 de marzo de 1887 en la ciudad de Bragado - Provincia de Buenos Aires - y murió en Buenos Aires el 30 de diciembre de 1957.

Hombre polifacético, fue sainetero, comediógrafo, periodista de turf, locutor y poeta. Perteneció en varios períodos al directorio de Sadaic y por si le faltaba algo, miembro de la Legión Extranjera.

En 1915 se presentó en el teatro escribiendo el sainete "Los bohemios de Bragado", que fue representado por la compañía de César Ratti en la misma ciudad de Bragado.

El 6 de junio de 1924 se abrió el telón para la pieza teatral "Un programa de Cabaret" en colaboración con Pascual Contursi, en la misma, el actor Juan Ferrari cantó por primera vez los versos de "Si supieras" con la música de la "La Cumpursita" de Gerardo H. Matos Rodríguez. Otra de sus obras poéticas es "Al caer la tarde" en la cual está incluída su famosa "Apología del tango".

Como letrista destacamos "La borrachera del tango", "Hipólito Yrigoyen", "Callesitas de mi barrio", "Cicatrices", "El poncho del olvido" y "Virgencita de Pompeya".

# MARIO SOTO

*N*ació el 20 de agosto de 1912 y falleció en la ciudad de La Plata en 1995.

Paralelamente a su labor de poeta, fue representante y presentador de las orquestas de Angel Dagostino, Pedro Laurenz y Osvaldo Pugliese. Al desvincularse de éste, prosiguió esa doble tarea con el cantor Alberto Morán.

Una vez finalizada esa etapa, se trasladó a España donde permaneció por más de una década. Nunca se editaron sus glosas ni sus poesías, quedando solamente las letras de tango. De esas letras citaremos: "Me llaman tango", "Mientras quede un solo fueye", "Profundamente", "Por pecadora" y una pieza que está en el repertorio de muchos intérpretes de la actualidad y que fuera el espaldarazo del ya citado Morán: "Pasional".

# CARLOS VIVAN

*N*ació en Buenos Aires el 15 de abril 1908 y murió en la misma ciudad el 16 de julio de 1971. Su verdadero nombre fue Miguel Rice Treacy.

Fue actor, cantor, libretista, músico, autor y compositor.

En 1925 fue cantor de la orquesta de Juan Maglio (Pacho),cantó con Osvaldo Fresedo, Pedro Maffia, Julio de Caro, Edgardo Donato y Roberto Firpo.

Su nombre artístico proviene de la denominación "Maniquí vivant" que era utilizado por una sastrería porteña. Su buena presencia y parte varonil lo llevó a desarrollar su actividad como galán cinematográfico. En 1932 interpretó la película "Consejo de tango" y al año siguiente tomó parte como protagonista de la película dirigida por Enrique Cadícamo, "Noches cariocas".

En su obra autoral se destacan "Moneda de cobre", "El barco María", "Domani", "Hacelo por la vieja", "Amiga", "La vida es corta" y "Como se pianta la vida".

# VI

# GLOSARIO

**Abacanado:** Presuntuoso.
**Academia:** Salones de baile, mujeres, tragos.
**Acamala:** Guardar, cargar.
**Acamalar:** Acaparar.
**Afanar:** Robar.
**Afilar:** Festejar.
**Africar:** Entregar con fuerza.
**Alacranear:** Hablar mal.
**Alumbrar:** Proveer dinero.
**Amarrete:** "Codo", ahorrativo, miserable.
**Amarroto:** Amarrete.
**Amurar:** Abandonar.
**Anduma:** Vamos.
**Apoliyo:** Dormir.
**Aprontar:** Hacer correr los caballos de carrera.
**Aprontes:** Entrenamiento, preparativos.
**Araca:** Atención! cuidado
**Atorrante:** Sinvergüenza.
**Atorrar:** Dormir; vago; mujer entregada al vicio(caños de agua corriente).
**Atracar:** Acercar, arrimar.
**Ave negra:** Abogado.
**Azotea:** Cabeza; tener gente en la azotea; facultades mentales alteradas.

**Bacán:** Concubinario; hombre que mantiene una mujer; bien de plata.
**Bagayito:** Equipaje.
**Bagayo:** Mujer desgarbada; paquete envoltorio; deportista torpe.
**Bagre:** Estómago (me está picando el bagre).
**Balero:** Cabeza.

**Balurdo:** Mentira, embrollo; engañar.
**Baranda:** Olor desagradable.
**Barra:** Palomilla.
**Basuriar:** Humillar.
**Batacazo:** Éxito inesperado.
**Bataclana:** Mujer; artista de teatro con el pretexto de cantar y bailar.
**Batir:** Decir; delatar.
**Beguen:** Capricho amoroso con desea vehemente; cariño.
**Berretín:** Capricho, ilusión.
**Biaba:** Paliza.
**Bife:** Cachetada a mano abierta.
**Biyuya:** Dinero.
**Blandengue:** Blando; alusión a una erención a medida.
**Bobo:** Reloj, corazón.
**Bochinche:** Algarabía.
**Bodegón (Esp.):** Taberna.
**Bola:** Importancia.
**Bolazo:** Mentira.
**Bolche:** Bolchevique; seguir la doctrina comunista.
**Boleta:** Hacer la boleta; matar.
**Boliche:** Cantina.
**Bolilla:** Noticia, chisme.
**Boncha:** Chabón; tonto.
**Botón:** Agente policial; guardia.
**Brillos:** Alhajas.
**Bronca:** Rabia.
**Budín:** Mujer hermosa.
**Bufoso:** Revolver.
**Bulín:** Habitación; cuarto; aposento.
**Buque sin mancada:** Disimulo.
**Buraco:** Agujero.
**Busarda:** Barriga.

**Cachar:** Burlar, timar.
**Cache:** Tipo.
**Cafiolo:** Canfinflero; vivir de la mujer prostituta.
**Cafisho:** Gigoló, vividor.
**Calar:** Observar; examinar atentamente.

**Camba:** Lujo.
**Campanear:** Mirar.
**Cana:** Prisión.
**Cancel:** Verja o puerta que cierra el zaguán.
**Canchero:** Conocedor, perito.
**Canejo:** Caray! (interjección).
**Canuto:** Tubo de metal que los presos esconden dinero o droga.
**Canyengue:** Arrabalero de baja condición social, bailes con muchos cortes. Con ritmo estilizado.
**Capo:** Jefe.
**Carcamán:** Italiano de mal aspecto.
**Carpa:** Astucia.
**Carpeta:** Categoría.
**Cascar:** Castigar, pegar.
**Casimba:** Cartera, billetera.
**Caso:** Tonto.
**Catanga:** Persona de color.
**Catrera:** Cama.
**Chabón:** Tonto.
**Chaira:** Herramienta para afilar.
**Chala:** Dinero.
**Chamullar:** Conversar, murmurar.
**Changui:** Ventaja; engañoso.
**Chapaliar:** Pisar, caminar.
**Chapar:** Agarrar, tomar, asir.
**Chata:** Carruaje de caballos.
**Chicato:** Miope; cegatón.
**China:** Mujer.
**Chiquetero:** Exagerado, "largo".
**Chitrulo:** Tonto, "menso".
**Chorro:** Ladrón.
**Chuza:** Látigo sin lonja.
**Ciego:** Carente de dinero; es término de juego del truco.
**Ciruja:** Persona que comercia con residuos.
**Compadre (Adj.):** Bonito, coqueto.
**Compadrón:** Fatuo, presumido.
**Conventillo:** Casa de inquilinos. Casa de vecindad de aspecto pobre y de muchas habitaciones.

**Cortada:** Calle.
**Coso:** Tipo, individuo.
**Cotorro:** Cuarto pobre.
**Crepar:** Morir.
**Cuore:** Corazón.
**Curda (Español):** Borrachera.
**Currar:** Estafar.

**Dandi:** Correctos y buenos mozos.
**Desechar:** Eliminar.
**Dichero:** Cobista.
**Dientudo:** Piano.
**Dique:** Presunción, vanidad.

**Embalurdar:** Engañar, embaucar.
**Embrocar:** Mirar fijo a una persona u objeto a deliberar.
**Empacar:** Ahorrar.
**Empilche:** Traje, ropa.
**Engrupir:** Engañar.
**Ensartar:** Engatuzar.
**Ensillar:** Comenzar.
**Entripao:** Amargura, intimidad.
**Envainar:** Clavar.
**Escabio:** Bebida alcohólica en general.
**Escolasiarse:** Jugarse, entregarse.
**Escolazo:** Juego de naipes por dinero.
**Escruchante:** Delincuente.
**Escrushar:** Robar mediante llaves o elementos.
**Esguifuso:** Asqueroso; repugnante.
**Esparo:** Colaborador del punguista distrayendo la vista.
**Espiantar:** Quitar.
**Esquinazo:** Abandono.
**Estancia:** Cortijo.
**Estaño:** Mostrador de boliches y bares.

**Facon (Español):** Cuchillo.
**Fajar:** Castigar.
**Falopa:** Droga, cosa de poca calidad.

**Fane (Francés):** Marchita.
**Fane:** Desgastado, venido a menos.
**Farra:** Juerga.
**Faso:** Cigarrillo.
**Fato:** Asunto, cuestión, "movida".
**Fayuta:** Falsa.
**Feites:** Tajos en la cara, cortadas, charrasquinadas.
**Fifí:** Galante.
**Firulo:** Prostíbulo.
**Forfait:** Falto de alguna cosa, dinero, salud, etc.
**Fuelle:** Bandoneón.
**Fulera:** Fea.
**Fulerías:** Chismes.
**Funyi:** Sombrero.

**Gabion:** Pretendiente, amante.
**Gacho:** Sombrero.
**Gaita:** Gallego.
**Galguear:** Sentir apetito de algo.
**Gambetear:** Esquivar.
**Garca:** Cagador, estafador.
**Garfios:** Los dedos del punguista (ladrón).
**Garpar:** Pagar dinero o algunas cuentas del amor.
**Garronero:** Gorrón.
**Gavión:** Burlador que seduce a las mujeres.
**Gayeta:** Desaire o rechazo de la mujer al que requiere su mano.
**Gayola:** Cárcel.
**Gil:** Tonto.
**Grasa:** Obrero.
**Grela:** Mujer de medio ambiente.
**Grilo:** Cartera.
**Grupos:** Cuentos, mentiras.
**Guapo (Español):** Valiente.
**Guarda:** Atención.
**Guita:** Dinero.

**Hacer sapo:** Fracasar.
**Hocicar (Español):** Flaquear.

**Jabón:** Miedo, susto.
**Jacobo:** Hebreo, judío.
**Jovato:** Viejo.
**Julepe.** Susto.
**Junar:** Mirar.
**Junta:** Yunta.
**Justiniano:** Escaso, limitado, justo.

**Laburar:** Trabajar.
**Lance:** Acción que se ejecuta sin seguridad de éxito.
**Lancero:** Ladrón, ratero.
**Lengue (Italiano):** Pañuelo.
**Leonera:** Depósito de detenidos.
**Liebre:** Padecer de hambre.
**Logi:** Gil.
**Luca:** Billete de mil pesos.
**Macana:** Locura, mentira, estupidez.
**Macró:** Alcahuete que prostituye mujeres.
**Malanfiar:** Comer.
**Malevo:** Peleador.
**Mamao:** Borracho.
**Mancar:** Descubrir.
**Mancar:** Fracasar en un robo al ser descubierto el ladrón.
**Manganeta:** Treta, engaño.
**Mangos:** Pesos.
**Manyar:** Comer; darse cuenta.
**Marchanta:** Arrebatiña.
**Maroma:** Situación de riesgo, suscitarse.
**Marroco:** Pan.
**Mate:** Cabeza.
**Matrero:** Fugitivo.
**Matufia:** Embrollo con propósito de fraude.
**Maula (Español):** Cobarde.
**Menega:** Dinero.
**Menesunda:** Droga, estupefaciente.
**Mersa:** Conjunto de personas de baja condición.
**Merza:** Peña.

**Metejón:** Cariño, pasión, amor.
**Meterse:** Encariñarse.
**Milonga:** Cabaret, baile, festín.
**Milonguera:** Joven cabaretera.
**Milonguita:** Mujer de vida aireada.
**Mina:** Muchacha.
**Mishe:** Hombre maduro que paga generosamente favores de mujeres.
**Mishiadura:** Miseria; pobreza.
**Mistonga:** Pobreza.
**Mistongo:** Humilde, insignificante.
**Morfar:** Comer.
**Morlaco:** Peso.
**Morlacos:** Dinero.

**Ñaupa:** Del tiempo de ñaupa.

**Olivo:** Despedirse.
**Ortibar:** Ver, mirar, delatar.
**Otario:** Tonto; cándido.

**Paica:** Mujer.
**Palmera:** Ruina.
**Palpitar:** Imaginar.
**Papa:** Información beneficiosa; cosa hermosa, de gran calidad.
**Papusa:** Muy bonita.
**Pato:** Pobre.
**Patota:** Peña, pandilla.
**Pavadas:** Tonterias.
**Pavura:** Miedo.
**Pebeta:** Muchacha.
**Pebete:** Niño.
**Pechador:** Sablista.
**Pechar:** Pedir, dominar, alcanzar.
**Pelechar:** Progresar.
**Percanta:** Mujer, amante.
**Peringundines:** Bailes, salones de barrio.
**Pernó:** Licor a base de ajenjo y otras hierbas.
**Piantar:** Quitar, dejar.

**Piba:** Chiquilla.
**Pibe:** Niño.
**Pichicho:** Perrito.
**Pilchas:** Cosas, ropa.
**Pillado:** Engreído.
**Pingo:** Caballo.
**Pinta (Español):** Tipo.
**Piola:** Vivo, despierto, "abusado".
**Pipiolo (Español):** Novato.
**Pituco:** Niño bien.
**Poligriyo:** Pelagato; hombre pobre y despreciable.
**Ponchazo:** Verdad, reto.
**Posta:** Magnífica.
**Prontuario:** Record, historia, archivo.
**Pucho:** Colilla.
**Punga:** Ladrón.
**Purretada:** Chiquillada.

**Quilombo:** Prostíbulo, alborotar, pertubar.

**Rajar:** Huír.
**Rana:** Vivo, listo.
**Ranchitos:** Casitas.
**Rancho:** Sombrero de paja.
**Rebusques:** Medios de vida.
**Rechiflar:** Enloquecer, predisponer.
**Refundir:** Liquidar, arruinar.
**Relojar:** Observar.
**Remanye:** Perspicacia.
**Reseco:** Sin dinero.
**Retobar:** Oponer.

**Sabalaje:** Personas de baja condición social.
**Sabiola:** Cabeza.
**Sacudir:** Decir, aclarar.
**Shiome:** Decadente, empobrecido.
**Sobrador:** Valiente, "castigador".
**Sotana:** Saco, prenda de vestir.

**Sotreta:** Canalla, mentecato.
**Sueco (Español):** Desentendido.

**Taba:** Destino, suerte.
**Taita:** Hombre valiente y audaz; matón.
**Tamangos:** Zapatos.
**Tambo:** Prostíbulo.
**Taura:** Audaz.
**Terran:** Vago, pobre.
**Tigrero:** Audaz, valiente, que ejecuta acción temeraria.
**Timba:** Juego.
**Timbo:** Zapato botín.
**Tole tole:** Alboroto, gresca.
**Tongo:** Trampa, fullería.
**Tracalada:** Multitud, gran número de personas.
**Tumba:** Trozo de carne hervido en agua, comida de las cárceles.
**Turro:** Incapaz, inepto, necio.

**Vento:** Dinero.
**Verdolaga:** Billete de diez pesos que circuló hasta 1947.
**Viola:** Guitarra.
**Viorsi:** Baño.

**Yeta:** Influjo maléfico, suerte adversa.
**Yigoló:** Individuo joven mantenido por una mujer mayor.
**Yirar:** Girar.
**Yoni:** Inglés.
**Yuguiyo:** Cuello de camisa.
**Yunta:** Pareja, compañía.
**Yuta:** Policía, personal policíaco.

**Zarzo:** Anillo.

# INDICE

I PROLOGO . . . . . . . . . . .7

II LETRAS DE TANGO:
A Homero . . . . . . . . . . . . .276
A media luz . . . . . . . . . . . .63
A mis manos . . . . . . . . . .282
Acquaforte . . . . . . . . . . . .116
Adiós muchachos . . . . . . . .69
Adiós pampa mía . . . . . . .253
Afiches . . . . . . . . . . . . . . .285
Ahora no me conocés . . . . .195
Al compás del corazón . . . .242
Al mundo le falta
un tornillo . . . . . . . . . . . . .82
Alma de bohemio . . . . . . . .84
Almagro . . . . . . . . . . . . . .98
Amores de estudiante . . . . .141
Anclao en París . . . . . . . . .121
Araca corazón . . . . . . . . . .65
Arrabalera . . . . . . . . . . . . .194
Así se baila el tango . . . . . .231
Audacia . . . . . . . . . . . . . . .50

Bajo Belgrano . . . . . . . . . .54
Balada para mi muerte . . . .300
Balada para un loco . . . . . .302
Bandoneón Arrabalero . . . . .74
Barrio de Tango . . . . . . . . .205
Betinotti . . . . . . . . . . . . .176
Bien criolla y bien porteña .219

Bien pulenta . . . . . . . . . . .222
Buenos Aires conoce . . . . . .304

Cada día te extraño mas . . .232
Café de los Angelitos . . . . .243
Café La humedad . . . . . . .308
Cafetín de Bs As . . . . . . . .266
Cambalache . . . . . . . . . . .155
Carrillon de la Merced . . . .122
Caminito . . . . . . . . . . . . . .53
Canchero . . . . . . . . . . . . .100
Canción desesperada . . . . . .245
Canzoneta . . . . . . . . . . . .272
Carnaval . . . . . . . . . . . . . .66
Che bandoneón . . . . . . . .268
Chiquilín de Bachín . . . . . .305
Chorra . . . . . . . . . . . . . . .75
Claudinette . . . . . . . . . . . .188
Clavel del aire . . . . . . . . . .101
Cobardía . . . . . . . . . . . . .180
Como abrazao a
un rencor . . . . . . . . . . . . .117
Como dos extraños . . . . . . .191
Como se pianta la vida . . . .86
Confesión . . . . . . . . . . . .102
Contame una historia . . . . .296
Corrientes y Esmeralda . . . .146
Cristal . . . . . . . . . . . . . . .233
Cuesta abajo . . . . . . . . . .147

Dandy . . . . . . . . . . . . . . . .72
De todo te olvidás . . . . . . .87
De vuelta al bulín . . . . . . . .20
Desaliento . . . . . . . . . . . .174
Desencanto . . . . . . . . . . .179
Después . . . . . . . . . . . . . .169
Desvelo . . . . . . . . . . . . . .170
Dios te salve, m' hijo . . . . .137
Discepolín . . . . . . . . . . . .270
Discos de Gardel . . . . . . .246
Duelo criollo . . . . . . . . . . .76

El adiós . . . . . . . . . . . . . .166
El aguacero . . . . . . . . . . .118
El bulín de la calle
Ayacucho . . . . . . . . . . . . .46
El Choclo . . . . . . . . . . . .254
El corazón al sur . . . . . . .310
El ciruja . . . . . . . . . . . . . .56
El cuarenta y cinco . . . . . .298
El día que me quieras . . . .162
El encopao . . . . . . . . . . .218
El pescante . . . . . . . . . . .149
El porteñito . . . . . . . . . . .15
El último café . . . . . . . . . .293
El último guapo . . . . . . . .290
El último organito . . . . . .263
En blanco y negro . . . . . .104
En esta tarde gris . . . . . . .196
Enfundá la mandolina . . . .105
Esta noche me emborracho . .77

Farol . . . . . . . . . . . . . . . .224
Flor de fango . . . . . . . . . . .24
Fuimos . . . . . . . . . . . . . .247

Garúa . . . . . . . . . . . . . . .225
Gloria . . . . . . . . . . . . . . . 67
Golondrinas . . . . . . . . . . .142
Gricel . . . . . . . . . . . . . . .206

Griseta . . . . . . . . . . . . . . .41
Guitarra, guitarra mia . . . . .143

Hacelo por la vieja . . . . . . .43
Hasta el último tren . . . . . .307

Infamia . . . . . . . . . . . . . .187
Ivette . . . . . . . . . . . . . . . .22

Justo el treinta y uno . . . . .106
La calesita . . . . . . . . . . . .278
La canción de Bs As . . . . . .126
La casita de mis viejos . . . . .89
La cumparsita . . . . . . . . . . .44
La mina del Ford . . . . . . . . .39
La morocha . . . . . . . . . . . .16
La novia ausente . . . . . . . .131
La pulpera de Santa Lucia . . .90
La que murió en Paris . . . . .108
La última . . . . . . . . . . . . .286
La última curda . . . . . . . . .283
La última grela . . . . . . . . .299
La uruguayita Lucia . . . . . . .92
La vi llegar . . . . . . . . . . . .236
La viajera perdida . . . . . . .110
La Violeta . . . . . . . . . . . . .85
Las cuarenta . . . . . . . . . . .165
Leguisamo solo . . . . . . . . .47
Lejana tierra mia . . . . . . . .133
Los mareados . . . . . . . . . .207
Lunes . . . . . . . . . . . . . . .182

Madame Ivonne . . . . . . . .168
Madrugada . . . . . . . . . . .297
Mala suerte . . . . . . . . . . .183
Malena . . . . . . . . . . . . . .197
Malevaje . . . . . . . . . . . . .94
Mañana zarpa un barco . . . .209
Mano a mano . . . . . . . . . . .26
Mano blanca . . . . . . . . . .184

| | |
|---|---|
| Margo . . . . . . . . . . . . . . . .249 | Percal . . . . . . . . . . . . . . . .226 |
| Margot . . . . . . . . . . . . . . .27 | Por la vuelta . . . . . . . . . . .178 |
| María . . . . . . . . . . . . . . . .250 | Por una cabeza . . . . . . . . .157 |
| Media noche . . . . . . . . . .235 | Porque amo Bs As . . . . . . .313 |
| Melodía de arrabal . . . . . .145 | Príncipe . . . . . . . . . . . . . .40 |
| Melenita de Oro . . . . . . . . .31 | Puente Alsina . . . . . . . . . . .52 |
| Mi Bs As querido . . . . . . . .150 | |
| Mi noche triste . . . . . . . . . .18 | Que solo estoy . . . . . . . . . .255 |
| Mientras viva . . . . . . . . . . .287 | Que vachaché . . . . . . . . . . .57 |
| Milonga sentimental . . . . . .134 | Quemá esas cartas . . . . . . .256 |
| Milonga triste . . . . . . . . . . .172 | Quiero verte una vez mas . .175 |
| Milonguera . . . . . . . . . . . .49 | |
| Milonguita . . . . . . . . . . . . .29 | Remembranzas . . . . . . . . . .190 |
| Mimí Pinson . . . . . . . . . . .261 | Rondando tu esquina . . . . .251 |
| Monte criollo . . . . . . . . . . .154 | Rosa de Otoño . . . . . . . . . .38 |
| Muchacho . . . . . . . . . . . . .34 | Rosicler . . . . . . . . . . . . . .258 |
| Muñeca brava . . . . . . . . . . .79 | |
| | San Jose de Flores . . . . . . .159 |
| Nada . . . . . . . . . . . . . . . .237 | Secreto . . . . . . . . . . . . . .127 |
| Naranjo en flor . . . . . . . . . .238 | Seguí mi consejo . . . . . . . .80 |
| Negra María . . . . . . . . . . . .220 | Si Buenos Aires |
| Ninguna . . . . . . . . . . . . . .210 | no fuera así . . . . . . . . . . . .309 |
| No te apures, Carablanca . .211 | Si se salva el pibe . . . . . . .128 |
| Nostalgias . . . . . . . . . . . . .163 | Si soy así . . . . . . . . . . . . . .138 |
| Nuestro balance . . . . . . . . .295 | Siga el corso . . . . . . . . . . . .59 |
| Nunca tuvo novio . . . . . . . .70 | Silencio . . . . . . . . . . . . . .129 |
| | Sin palabras . . . . . . . . . . .260 |
| Organito de la tarde . . . . . .35 | Soledad . . . . . . . . . . . . . .151 |
| | Solo se quiere una vez . . . .97 |
| Pa' que bailen | Sombras nada mas . . . . . . .192 |
| los muchachos . . . . . . . . . .212 | Soy un arlequín . . . . . . . . . .81 |
| Pa' que sepan quien soy . . .273 | Sueño de barrilete . . . . . . .291 |
| Padre Nuestro . . . . . . . . . .33 | Sur . . . . . . . . . . . . . . . . .264 |
| Padrino pelao . . . . . . . . . .111 | Sus ojos se cerraron . . . . . .160 |
| Palomita blanca . . . . . . . . .95 | |
| Pan . . . . . . . . . . . . . . . . .125 | Tango . . . . . . . . . . . . . . .204 |
| Papa Baltazar . . . . . . . . . .213 | Tal vez sera tu voz . . . . . . .228 |
| Pasional . . . . . . . . . . . . . .275 | Tarde..! . . . . . . . . . . . . . .262 |
| Patotero sentimental . . . . . .30 | Te llaman malevo . . . . . . . .289 |
| Pedacito de cielo . . . . . . . .215 | Tengo miedo . . . . . . . . . . .60 |

Tiempos viejos . . . . . . . . . .61
Tinta roja . . . . . . . . . . . . . .199
Toda mi vida . . . . . . . . . . .200
Tomo y obligo . . . . . . . . . .120
Tormenta . . . . . . . . . . . . . .186
Trenzas . . . . . . . . . . . . . .240
Tres amigos . . . . . . . . . . . .217
Tres esperanzas . . . . . . . .139
Tu pálido final . . . . . . . . .201
Tu piel de jazmín . . . . . . .203

Un infierno . . . . . . . . . . .279
Una canción . . . . . . . . . . .280
Una lágrima tuya . . . . . . .267
Uno . . . . . . . . . . . . . . . .229

Vamos todavía . . . . . . . . .311
Ventarrón . . . . . . . . . . . .123
Victoria . . . . . . . . . . . . . .112
Viejo ciego . . . . . . . . . . . .62
Viejo Tortoni . . . . . . . . . .314
Volver . . . . . . . . . . . . . . .153
Volvió una noche . . . . . . .161

Whisky . . . . . . . . . . . . . .271

Yira, yira . . . . . . . . . . . . .114
Yo soy del treinta . . . . . . .294

Yuyo verde . . . . . . . . . . . .241

III PERLITAS:
Casas viejas . . . . . . . . . . .342
Hipólito Irigoyen . . . . . . .335
Magdala . . . . . . . . . . . . . .340
Mi piba (linda) . . . . . . . . .329
Moneda de cobre . . . . . . .325
Noches de Buenos Aires . . .331
Oro Muerto . . . . . . . . . . .325
Siempre es carnaval . . . . . .338
Tango sin letra . . . . . . . . .333
Toque de oración . . . . . . .336

IV LIRICOS Y TANGUEROS:
Alejandra . . . . . . . . . . . . .355
Como nadie . . . . . . . . . . .353
Elegía . . . . . . . . . . . . . . .349
Milonga de Albornoz . . . .359
Nadie puede . . . . . . . . . . .350
Sabor de Buenos Aires . . .348
Setenta balcones y
ninguna flor . . . . . . . . . . .356
Oro y Gris . . . . . . . . . . . .352
Un silbido en la noche . . . .360

V BIOGRAFIAS . . . . . . .363
VI GLOSARIO . . . . . . . .371